CW00521745

1000 EXPRESIONES
EN INGLÉS PARA HABLAR
COMO UN NATIVO

DON'T
GET ME
WRONG

BRIAN BRENNAN
ROSA PLANA

B. Vapor Vell
Tel. 93 409 72 31

DON'T GET ME WRONG

Autores: Brian Brennan, Rosa Plana

Director de la colección: Eduard Sancho
Coordinación editorial: Eulàlia Mata Burgarolas
Redacción: Ester Lázaro
Diseño de la colección: emeyele®
Ilustraciones: Noe Barcina (emeyele®)
Maquetación: Oriol Pascual (emeyele®)
Corrección: Alba Vilches
Agradecimientos: Stephen Hay, Mandeep Locham

© Difusión, Centro de Investigación y Publicaciones de Idiomas, S.L., Barcelona, 2011

ISBN: 978-84-8443-759-8
Depósito legal: B-4.115-2012

Reimpresión: febrero 2012

Impreso en España por Novoprint

difusión
Centro de
Investigación y
Publicaciones
de Idiomas, S. L.

C/ Trafalgar, 10, entlo. 1ª
08010 Barcelona
Tel. (+34) 93 268 03 00
Fax (+34) 93 310 33 40
editorial@difusion.com

www.difusion.com

IDIOMAS PONS

SUMARIO

PRESENTACIÓN

¿Cuántas veces a la hora de expresarte en inglés has tenido la sensación de que ni la gramática que has aprendido (sujeto antes del verbo, el uso de los verbos auxiliares en las preguntas, etc.), ni el vocabulario que conoces te ayuda a expresar algo de forma natural e idiomática? ¿Cuántas veces has pensado que tienes casi todos los ingredientes necesarios pero que no te sale la paella? Conoces por separado las palabras *by, the* y por supuesto *way*, pero a lo mejor no sabes que *by the way* significa «por cierto». Te has aprendido de memoria todos los nombres de las relaciones familiares (*grandmother, brother-in-law, second cousin, niece and nephew*), pero no sabes cómo decir en inglés frases tan habituales como «no me extraña», «mira por dónde», «me importa un pepino» o refranes como «a buenas horas, mangas verdes» o «bien está lo que bien acaba». Parecen expresiones fáciles, dan mucho de sí y son muy frecuentes en la interacción cotidiana, pero no sueles tenerlas a mano cuando la situación las requiere.

Los libros de inglés han mejorado mucho a lo largo de los años. Algunos son excelentes, pero la mayoría no da información sobre cómo combinar *do, make* o *take*; ni te enseñan que «blanco y negro» no es *white and black* sino *black and white*. **DON'T GET ME WRONG** tiene como objetivo que los estudiantes hispanohablantes aprendan las combinaciones, el énfasis, las frases hechas, los *multi-word units* (trozos de lenguaje), las expresiones idiomáticas, los refranes y proverbios y ¡cómo no! las expresiones callejeras y vulgares. Ni más ni menos. O lo tomas o lo dejas: *take it or leave it*.

Además, la mayoría de libros de inglés se realiza para un público internacional. Se vende el mismo libro en Bangkok, Beirut, Berlín, Berna, Bolonia, Bratislava, Bruselas o Budapest que en Badajoz, Barcelona, Bilbao, Bogotá, Buenos Aires y Burgos. Por eso es imposible ofrecer traducciones y explicaciones personalizadas y adaptadas a un tipo de lector concreto. El hecho de que **DON'T GET ME WRONG** vaya dirigido exclusivamente a hispanohablantes permite ofrecer explicaciones muy adaptadas, comparar las dos lenguas, aportar matices interesantes para hispanohablantes, etc. Las entradas incluyen además información sobre su origen, información sobre el estilo y el registro, matices de significado, información cultural relevante, sinónimos y ejemplos en contexto, siempre con un tono desenfadado y a menudo irónico.

US or UK English? Las diferencias más importantes entre el inglés británico y el norteamericano residen en la pronunciación. Hay menos diferencias en las versiones estándar de ambos países que entre las variedades regionales y socioculturales dentro del mismo país. Las diferencias léxicas son pocas (no llegan al 2%) y las gramaticales menos aún. En **DON'T GET ME WRONG** se indica si una expresión es más común en uno de estos dos países, sin olvidar por supuesto las variantes de Australia, Canadá, Irlanda o Nueva Zelanda. También se indica si su uso es típico de un país solamente, por ejemplo Irlanda. Sin embargo, la voluntad es ofrecer frases y expresiones que pueden utilizarse en un ámbito internacional.

¿Cómo está organizado el libro? Hemos intentado agrupar, dentro de lo posible, las frases y expresiones en grandes temas y áreas funcionales o semánticas: «Alegría o tristeza», «Cortesía o mala educación», «Consejos», «Amor y desamor», «Ganar y perder», etc. Dentro de los apartados, en la mayoría de casos hay secciones que organizan las locuciones. Un último apunte: en el libro se ha usado el recurso del asterisco (*) para señalar las locuciones propias de la lengua vulgar.

¡Bienvenido a **DON'T GET ME WRONG**!

LA EDITORIAL

DON'T GET ME WRONG

OVER THE MOON

ALEGRÍA O TRISTEZA

alegría

(to be) blown away
(estar) loco de contento
over the moon
en el séptimo cielo
thrilled to bits
encantado de la vida

Tres expresiones para describir un estado de máxima alegría. La primera es la más actual y la tercera es la más antigua: es lo que diría, por ejemplo, una abuelita inglesa cuando su nieto le manda una postal desde Benidorm.

○ —How do you feel about being named coordinator for the Social Sciences Department?
—I'm **over the moon**, especially considering how inexperienced I am compared to some other people here.

(to be) happy as a sandboy
happy as Larry
happy as a cloud
más contento que unas pascuas
happy as a clam
at high water
feliz como una perdiz

En sentido literal, la primera habla de lo felices que eran los chicos londinenses que vendían arena a principios del siglo XIX (se desconoce a qué se debía tanta alegría); la segunda refleja la felicidad de un tal Lawrence; la tercera es la más usual. La cuarta es una versión norteamericana; utiliza la imagen de una almeja feliz cuando sube la marea.

○ —How's María José?
—**Happy as Larry**, she says. She loves her job in the Creative Department.

make my day
dame una alegría
a ver si me vas a dar el día

Se usa en imperativo y en pasado, y a menudo en tono irónico (segunda traducción).

○ —I'm afraid I've got some news for you.
—Go on, **make my day**.

tristeza

(to feel) down in the dumps
poner cara larga
estar depre
alicaído

Esta expresión existe en inglés desde el siglo XVI, cuando *in the dumps* se refería a un estado de confusión. Hoy en día es coloquial y se utiliza sobre todo con niños.

○ Why are you feeling **down in the dumps**? Is it because of something at school or at home?

(to be) in the doldrums
(estar) con la moral por los suelos
(estar) abatido

The doldrums es un término náutico de principios del siglo XIX que se refiere a la zona de calmas ecuatoriales. Hoy en día se usa para expresar melancolía, una racha de mala suerte o un bajón de cualquier tipo.

○ —How's Dani?
—Hmm... **In the doldrums** at present, still looking for a job and wondering about her future.

(to be) sad-assed*
(estar) puteado*
(estar) triste

Expresión muy informal que se utiliza en Estados Unidos, y que no ha cruzado el Atlántico todavía. Aunque *ass* significa «culo», aquí no ayuda mucho porque *sad-assed* significa «triste» o «deprimido». Al hablar de un lugar, como en el ejemplo, indica sordidez o mediocridad.

○ That is one **sad-assed** town! No way am I gonna go there again.

CHILLED OUT

calma

CALMA O NERVIOSISMO

after a storm comes a calm
después de la tormenta llega la calma

the calm after the storm
la calma después de la tormenta

Dos formas del mismo proverbio que existe tal cual en español. Hay poca diferencia entre las dos: la primera se usa como una reflexión general o filosófica y la segunda describe un momento dado.

○ My partner and I quarrel occasionally, but we think that's quite normal, and then of course there's always **the calm after the storm**.

(to be) calm and collected
mantener la sangre fría
(to be) unfazed
(estar) como si nada
quedarse tan pancho

Calm and collected expresa un grado de tranquilidad admirable, una actitud estoica e incluso heroica en una situación donde lo normal sería perder los nervios. También es muy habitual decir *cool, calm and collected*. En cuanto a *unfazed*, expresa lo mismo pero es más coloquial y bastante más actual.

○ 1) It was an angry press conference that greeted the coach after the team were eliminated from the competition, but he remained **cool, calm and collected** as he answered questions and tried to explain the poor performance.

2) She was quite **unfazed** when quizzed by the media about the drugs police found in her car.

to calm down
calmarse
to settle down
volver a la normalidad

Dos verbos con un significado parecido: calmarse después de un momento de nervios o agitación. *Calm down* se usa mucho en imperativo para pedirle a alguien que se tranquilice.

○ After the devastating earthquake, 7.1 on the Richter scale, it took this peaceful New Zealand city several days to **settle down** again.

to loosen up
to unwind
to chill out
relajarse
chilled
relajado

Tres verbos con un significado parecido, y un adjetivo (*chilled*). *Loosen up* hace referencia literalmente a los ejercicios de relajación que hacen los actores antes de ensayar o actuar, pero se utiliza en un sentido general. *Unwind* no lo suele usar la gente joven, ya que prefieren *chill out*. *Wind up* era literalmente tensar la cuerda de un reloj de los de antes, y el contrario era *unwind*. En cuanto a *chill*, literalmente significa «enfriar» (se dice *serve chilled* por ejemplo para aconsejar servir bien frío un vino blanco). Se puede describir un ambiente como *chilled* con el sentido de «tranquilo», «relajado». Hace treinta años ese mismo ambiente habría sido descrito como *cool*. Actualmente *cool* significa «guay».

○ —What did you do over the holiday, Mandeep?
—I just **chilled out**; I really needed to after working so hard on my Master's for two years.

peace and quiet
tranquilidad

Expresión que describe la ausencia de ruido y jaleo. Se construye con los verbos *have* o *need* y se puede añadir *some* o *a bit of* justo antes de *peace and quiet*.

○ —Your house is always so quiet.
　—I teach in a primary school; at home I need a bit of **peace and quiet**.

stiff upper lip
mantener el tipo
mantener la compostura

Esta es una expresión muy interesante que se usa cuando, a pesar de encontrarse en una situación adversa y complicada, uno aguanta el tipo. Viene de los tiempos del imperio británico. Cuando la cosa se ponía fea era recomendable evitar un temblor en el labio superior, cosa que suele ocurrir cuando uno flaquea y se pone nervioso. Lo curioso es que se originó en Estados Unidos y no en Gran Bretaña: apareció impresa por primera vez en *La cabaña del tío Tom* (1852), novela seminal en la lucha contra la esclavitud en Estados Unidos. Hoy en día se emplea únicamente por su efecto cómico. Se utiliza sobre todo en imperativo.

○ —But sir, there are over two thousand of them, and only two hundred of us!
　—**Stiff upper lip**, corporal!

nerviosismo

(to be) beside oneself with anger
estar fuera de sí

Una expresión más bien culta o literaria que refleja el enfado o la rabia de alguien.

○ I was **beside myself with anger** after I read the letter from her lawyer.

(that really) gets me going
me saca de quicio
sets my alarm bells ringing
saltar a la primera de cambio

Dos expresiones para indicar que alguien salta por algún motivo. La primera también puede usarse en sentido positivo según el contexto, el tono de voz, la mirada, etc.: «me pone a cien», «me da vidilla», «me carga las pilas». Son expresiones informales, pero no vulgares. Se obtiene otra versión empezando la frase así: *That's one thing that really...*

O When I hear people talking about cutting my salary and putting up income tax, well **that really sets my alarm bells ringing**.

(that really) gets my back up
me pone negro
me saca de mis casillas

Es lo que diría alguien que se ha puesto como una moto por algún tema (incluso con un punto de agresividad). Literalmente hace referencia al arqueo de espalda, es decir, expresa una reacción instintiva y animal. Es informal, pero no vulgar. Como en el caso anterior, se obtiene otra versión empezando la frase por *That's one thing that really...*

O He **gets my back up** with his sarcastic comments all the time.

(that really) gets my goat
gets on my wick
gets up my nose
me fastidia
me revienta

Las tres expresan el disgusto del interlocutor por algo que le pone nervioso. La referencia a la cabra (*goat*) en la primera no es casual. La segunda se usa solo en inglés británico. Las tres son informales, pero no vulgares. *That's one thing that really...* también se puede aplicar en estos tres casos.

O It really **gets up my nose** the way she always thinks she needs to remind you four times that you have to do something.

(that really) gets on my nerves
me pone de los nervios
drives me up the wall
hace que me suba por las paredes

Estas dos se utilizan sobre todo para indicar que no soportamos algunos hábitos de los demás.

○ What **really gets on my nerves** is the way you never ever switch off a light when you leave a room.

to get out of bed on the wrong side
levantarse con el pie izquierdo

Se dice cuando un día determinado nada sale bien. También es una expresión diplomática para describir a alguien que parece que lleva todo el día enfadado.

○ What's wrong with you today? Did you **get out of bed on the wrong side**?

to go ballistic
to go nuclear
to go bananas
ponerse hecho una furia
volverse loco
volverse majareta
írsele a uno la pinza

Las tres se utilizan indistintamente cuando alguien se pone fuera de sí por un enfado. El origen de las dos primeras se remonta a la Guerra Fría.

○ Oh shit! Dad **will go nuclear** when he finds out about this!

in the heat of the moment
en caliente

Se dice cuando, tras una discusión acalorada o un momento de exaltación, uno reflexiona y quiere aclarar que determinado gesto o palabras fueron fruto de los nervios.

○ It happened **in the heat of the moment**, and it doesn't necessarily mean that that's my opinion of him.

to lose one's rag
perder los estribos
explotar

Con esta expresión se da a entender que uno se ha enfadado tanto que quizá ha llegado a perder los nervios. Se usa sobre todo para describir situaciones puntuales.

○ Oh, I really **lost my rag** the other day. I was on the metro and this woman with a baby was trying to rob me! I caught her hand as it went into my pocket, and I shouted: "What are you doing!", which is a bit silly because it was obvious.

(to be) miffed
(estar) molesto
(estar) ofendido
picarse

Implica que el hablante se ha ofendido, pero es una ofensa que ha tocado su orgullo. Lo normal cuando alguien se siente *miffed* es quedarse callado con esa cara que ponemos todos cuando estamos ofendidos.

○ Is something wrong? Why are you so **miffed**? Is it something I said? Is it something I did? Is it something I didn't do? Is it something I didn't say?

(to be) pissed off*
(estar) de mala leche
(estar) hasta las narices
(estar) muy cabreado
(estar) de mala hostia*

A diferencia del caso anterior, cuando uno está *pissed off* no suele quedarse callado. Cuidado, porque *piss off* se puede utilizar en imperativo con el sentido de «¡vete!» o «¡déjame en paz!». Además, aunque *pissed off* en Gran Bretaña significa «cabreado», en Estados Unidos dicen *pissed* a secas, que en inglés británico significa «borracho». (Véase *to piss off.*)

○ I've been waiting here for you for one hour! I'm **pissed off**! Didn't we say nine o'clock? And why is your mobile switched off?

FULL OF BEANS

CANSANCIO O ENERGÍA

cansancio

(to be) done in
estar para el arrastre
estar rendido

Frase informal que expresa un cansancio puntual, sobre todo después del trabajo. Se pone el énfasis en *done* e *in*.

○ —How was work today?
—Awful; we had customers coming in non-stop all day. I don't think I sat down once. I'm **done in**.

(to be) done to death
estar muy visto
ser más de lo mismo

Se usa cuando uno está cansado de algo que ya ha visto mil veces. Se utiliza a menudo para hablar de arte (cine, teatro, pintura, etc.), donde en ocasiones la originalidad escasea.

○ You might think "Oh, not another film about the Holocaust!" Hasn't this subject **been done to death**?, but you'd be wrong to miss this powerful new film by...

to hit the sack
to hit the hay
irse a sobar
irse al sobre

Dos maneras informales para decir que uno se va a dormir. Literalmente, *to hit the sack* significa «caerse contra el saco» y *to hit the hay* «caerse contra el heno», lo cual indica el origen rural de estas dos expresiones.

○ Shit, is that the time? I think we'd better **hit the sack**, don't you?

(to be) pooped
(estar) agotado
(to be) knackered*
(estar) reventado
(estar) petado
(to be) shagged out*
(estar) hecho polvo

Las tres significan más o menos lo mismo, pero *pooped* es más *polite* y lo dicen las chicas buenas en las series norteamericanas de sobremesa. En cambio, *knackered* y *shagged out* se utilizarían en un horario más bien de adultos; además, son inglés británico e irlandés. *Knackered* viene del *knacker's yard*, el lugar en el que se sacrificaban los animales viejos cuya carne no estaba destinada al consumo. Así pues, si alguien estaba *ready for the knacker's yard* es que se encontraba ya bastante hecho polvo. En cuanto a *shagged out*, puede sugerir cansancio derivado de una frenética actividad sexual.

○ —And how are you tonight, love?
—Absolutely **knackered**.
—You mean **pooped**, I think, darling.
—Do I?

energía

(to get/give/have) a new lease of/on life
(tener) renovadas ganas de vivir
un nuevo aliciente en la vida

Un *lease* es un tipo de contrato de alquiler. Es una metáfora que a veces utilizaba Shakespeare. Esta expresión cobra su sentido más literal ante un trasplante de órganos, cuando al receptor parece que la vida le da una segunda oportunidad. Se usa ante cualquier cambio o mejora que va a proporcionar una vida más larga o más alegre al que la sufre. En Gran Bretaña se dice *a new lease of life* y en Estados Unidos, *a new lease on life*.

○ —Marrying that Russian girl 20 years younger than him seems to have given him **a new lease of life**, don't you think?
—Something like that.

and still going strong
tiene cuerda para rato

Se usa para expresar sorpresa y sobre todo admiración por algo o alguien que sigue funcionando bien después de mucho tiempo. Suele ponerse al final de la frase y se puede añadir el sujeto o no: *and (he's/she's...) still going strong*. Se pone el énfasis en *still*.

O ... and here's a video clip from the latest live album from the Rolling Stones, founded in 1962, yes, 1962!, **and still going strong**.

(to be) full of beans
rebosar de energía
tener las pilas puestas

Es sabido que comer habas da mucha energía (entre otras cosas), así que si uno está «lleno de habas» es que se siente imparable. En Estados Unidos se utiliza con un significado bien distinto: «mentir como un bellaco», «ser un trolero».

O God, **you're full of beans** today: have you been taking something?

(to be) raring to go
estar que no se aguanta
morirse por empezar
no poder aguantar más

Expresión parecida a *full of beans*, pero con el matiz de que, aunque esté lleno de energía, uno no ha empezado a actuar todavía.

O With this year's Tour de France about to begin, let's look at some of the teams that are **raring to go**. First, Euskadel-Euskadi.

to set the world on fire
comerse el mundo

Alguien con tanta energía y pasión que va a «prenderle fuego al mundo»; normalmente es un elogio.

O When you're young of course you think that you're going **to set the world on fire**, but when you get to my age...

A KNIGHT IN SHINING ARMOUR

buena gente

(it) couldn't have happened to a nicer bloke/person
se lo merecía

Se usa para expresar alegría porque alguien majo ha tenido un golpe de suerte. En inglés británico informal un *bloke* es un tío. Curiosamente no hay una versión femenina; para una chica se dice *person*. A veces se usa en plan irónico, cuando alguien se tenía bien merecido algo malo que le ha pasado.

○ I hear Ed has just won 150,000 € on the lottery. **Couldn't have happened to a nicer bloke!**

guardian angel
ángel de la guarda
a knight in shining armour
salvador

La primera se refiere a un hombre o a una mujer que salva a alguien en un momento dado. *A knight in shining armour*, como hace referencia al ideal caballeresco, se usa solo para hombres. También se traduce en un sentido romántico como «príncipe azul».

○ So there we were, no petrol, cold, wet and completely lost in the middle of nowhere, and then this **knight in shining armour** appears out of nowhere in a Volvo and solves all our problems in 20 minutes.

to have a heart of gold
tener muy buen corazón
ser un buenazo
ser un trozo de pan

No tiene nada que ver con el dinero sino con la bondad, el cariño o la generosidad que reside en el seno de la persona.

○ I know she can give the impression at times that she's a difficult person, but she really does **have a heart of gold**, you know.

(one's) heart's in the right place
ser de buen corazón
ser buena persona

No tiene que ver con la ubicación del corazón, sino con la bondad que reside en él.

○ —What she said about the project was really stupid, and offensive!
—Well, I know what you mean, but her **heart is in the right place**.
—Is it? Well I can tell you that her head isn't!

(to be) a real catch
(ser) un buen partido

Hace referencia a una persona que está sin compromiso y que, además, o está forrada o tiene un buen trabajo o una gran casa, o de todo un poco. La expresión viene del mundo de la pesca.

○ She's got everything; brains, beauty, money... and oh, yes, a wonderful personality; she's **a real catch**.

(the) salt of the Earth
íntegro
sencillo y honrado
un dechado de virtudes
como Dios manda

Una referencia bíblica (Mateo 5:13) del sermón de la montaña, que hoy en día se usa para describir a aquellas personas que son ejemplos de bondad, sencillez, generosidad, honradez, etc.

○ And this photo is Ana, who used to work here. Wonderful person, **the salt of the Earth**.

mala gente

(to be) bad news
nunca trae nada bueno
mal asunto
no es trigo limpio
da mal rollo

Se utiliza sobre todo aplicado a personas, pero puede ser también un lugar (por ejemplo, un departamento determinado de una empresa) que conviene evitar.

○ I wouldn't go near her; she's **bad news**.

a fair-weather friend
amigo de conveniencia

Fair weather significa «buen tiempo», así que esta expresión describe a alguien que es tu amigo solo cuando las cosas van bien.

○ I did warn you, didn't I, about your **fair-weather friends**? Now look at the mess they've left you in.

his bark's worse than his bite
perro ladrador, poco mordedor

Hay perros, sobre todo los pequeños, que ladran (*to bark*) como condenados, pero no dan miedo. Este refrán viene a decir eso: hay personas que hablan mucho, a menudo en un tono amenazador, pero a la hora de la verdad son inofensivas.

○ —Don't worry about the manager; he talks as if he's a dictator, but it's only for the sake of appearance.
—So **his bark's worse than his bite**, eh?

a kick in the teeth
golpe de gracia
patada en la entrepierna

Darle una patada en los dientes a una persona que ya está por los suelos es muy humi-
llante. No es exactamente el golpe de gracia,
pero no anda muy lejos. La expresión completa es *to give someone a kick in the teeth*.

○ There was no need to say that to him.
Couldn't you see the state he was in? Do
you think he needed **a kick in the teeth**?

**(to be) a pain in the
arse/ass/butt***
*(ser) un coñazo**

A pain in the arse se utiliza en inglés británico, y las dos restantes en inglés norteamericano. Tanto *arse*, en el Reino Unido, como
ass y *butt*, en Estados Unidos, significan
«culo». Por supuesto, siempre quedará más
educado sustituirlo por *neck* (véase entrada
siguiente).

○ Know what you are? You are **a pain in the
ass**, sister!

(to be) a pain in the neck
(ser) un rollo

Expresión informal que se usa para describir
a una persona o una situación que fastidia
un montón, sobre todo durante un periodo
largo. En americano se dice *to be a pain*.

○ Having to wait around all day for the
electrician to come is **a** real **pain in the neck**.

**(it) takes all sorts
(to make a world)**
*de todo hay (en la viña
del Señor)*

Viene a decir algo así como «menos mal que
no todo el mundo es así». Se suelen omitir las
últimas cuatro palabras. También es habitual
añadirle *doesn't it?* al final.

○ —Some of the people in the pub were
really quite rude.
—Well, **it takes all sorts**, doesn't it?

he thinks he's God's gift to women
se cree que es el único gallo del corral

Descripción de un varón arrogante y convencido de que resulta muy atractivo a las mujeres. Se suele decir en tono ofendido y a veces se queda en *he thinks he's God's gift*.

○ —So what did you think of your date last night?
—Not much; **he thinks he's God's gift to women**; I won't be seeing him again.

he/she thinks the world owes him/her a living
cree que tiene derecho a que se lo den todo regalado va de sobrado se cree el novamás

Se suele decir en tono ofendido para describir a una persona altiva que se cree mejor que los demás (por su apellido, nivel de estudios, etc.) y que no piensa ensuciarse las manos trabajando.

○ —So what did you think of that last candidate for the job?
—Well, **he thinks the world owes him a living**. Let's see if we have any normal people waiting.

(all) sweetness and light
la mar de amable

Muchas veces se usa en plan irónico, para dudar de la dulzura excesiva de otro.

○ So he left his wife, went off for two years with this other woman, then asked her to take him back, and she did, and now it's all **sweetness and light**.

LISTO, TONTO O LOCO

(to be) on the ball
estar al tanto
estar al quite

(to be) quick on the uptake
pillar las cosas al vuelo

Se usan para describir la agilidad mental como característica de una persona o en un momento concreto. La primera expresión viene del fútbol (el que tiene la pelota controla el juego). La segunda es lo contrario de *slow on the uptake* y se usa para referirse a alguien que lo pilla todo a la primera.

○ —Make sure the kids are ready to leave by half-past seven.
—They will be. The alarms are set, the bags are packed, and they're going to bed especially early.
—Good to see you're **on the ball**.

to not miss a trick
no escapársele (ni) una

(to be) nobody's fool
(to be) no fool
no tener un pelo de tonto

Son muy útiles para hablar de personas avispadas y ágiles mentalmente.

○ —I thought he was very good at the press conference, the way he handled those questions.
—I couldn't agree more. He's **nobody's fool**.

(to be) onto something
estar al tanto

Expresión concisa y muy actual para indicar que uno está al tanto de algo o de alguien.

○ —Can I pass on to you some info about a campaign about human rights in Sudan?
—It's okay, I'm already **onto it**.

to read between the lines
leer entre líneas

El énfasis se pone en *read* y *lines*.

○ It seems as though she's quite content with her new situation, but if you **read between the lines** I think she's asking for help.

you got up early this morning, didn't you?
hoy estás fino, ¿eh?

Se usa de forma irónica para alabar la agilidad mental de alguien en un momento concreto. Admite cambios de pronombres.

○ —I've said it before, and no doubt I'll have to say it again, when you ask me the same questions next time because you've forgotten what I said.
—Hmmm... **you got up early this morning, didn't you?**

tonto

(to be) a bit slow on the uptake
thick as a brick
two vouchers short of a pop-up toaster
to have shit for brains*
ser duro de mollera
tener pocas luces

Cuatro maneras de expresar que alguien tiene pocas luces. *A bit slow on the uptake* es la más diplomática y puede referirse a un estado provisional. La más creativa es esa en la que al amigo le faltan dos vales para conseguir una tostadora. La última, solo para casos extremos.

○ Would you mind repeating what you said about how to do a disk defragmentation? I'm a **bit slow on the uptake** today.

the lights are on but there's nobody home
ser corto de luces

Es una expresión muy gráfica y cruel.

○ Poor Brenda! Nice person and all that, but when you talk to her for more than 30 seconds you realise that **the lights are on but there's nobody home**.

more fool you!
¡serás tonto!
¡anda que no...!
es que tú también...

Existen versiones con *him/her* y *them*, pero curiosamente ni con *me* ni con *us*.

○ —After two months of being together, I found out that he was married!
—**More fool you!**

loco

(to be) mad as a hatter
mad as a sack of frogs
faltarle un tornillo
estar como un cencerro

Quien conoce el mundo de Lewis Carroll sabe que el sombrerero (*hatter*) estaba loco. De hecho, en la época victoriana las sustancias químicas utilizadas en los sombreros para pegar el fieltro supuestamente hacían también que a la gente se le fuera un poco la chaveta. De ahí viene la primera expresión.

○ —How was Wendy when you saw her?
—As pleasant as ever, but **mad as a hatter**.

(as) mad as a
March hare
como una cabra

Los que son de pueblo seguro que conocen el comportamiento alocado de las liebres (*hares*) en marzo, en época de apareamiento.

○ When you were young, you used to be **as mad as a March hare**, but look at you know; you're the pillar of respectability. What happened?

(to be) stark raving mad
(to be) out of one's tree
estar loco de atar
estar como una regadera

Las dos expresiones son informales, sobre todo la segunda.

○ You want to go to Marrakech in August? Are you **stark raving mad**? You know how you suffer in the heat.

(in the) best-case scenario
en el mejor de los casos

Cuando en cualquier conjetura sobre el futuro, sopesamos varias situaciones o resultados futuros y el mejor es este.

○ In the **best-case scenario**, we'll be able to reach the trapped miners in 48 hours.

the light at the end of the tunnel
la luz al final del túnel

Una expresión muy útil para los optimistas.

○ We've been in recession for a while now but I can confidently say that we're starting to see **the light at the end of the tunnel**.

upbeat
optimista

Existen muchas palabras que expresan optimismo, pero uno de los adjetivos más útiles es este. Proviene del mundo del jazz, se usaba para describir un ritmo rápido y enérgico. *Beat,* que significa «ritmo», dio su nombre a la *beat generation* (un grupo de escritores estadounidenses de la década de los cincuenta: Kerouac, Ginsberg, etc.), y, cómo no, a un cuarteto de Liverpool muy conocido.

○ —Remember, when they come through that door in two minutes, be **upbeat** about everything now and for the foreseeable future. Got it?
—Got it!

pesimismo

doom and gloom
pesimismo
catastrofismo

Un doble adjetivo muy apreciado en el mundo de los medios de comunicación, la política, el deporte, el comercio, los mercados financieros, etc., incluso en el de las relaciones personales cuando las cosas no van del todo bien.

O The manager told all the staff that there would be a pay freeze for the year, having prepared them for it with a report on the previous financial year that was all **doom and gloom** for the company, despite everyone's good work.

downbeat
pesimista

Lo contrario de *upbeat*. También surge del jazz, donde se usaba para describir, al contrario de *upbeat*, un ritmo lento y melancólico.

O Trading today on Wall Street was rather more **downbeat** than expected. We're going there live to ask brokers what's going wrong.

(in the) worst-case scenario
en el peor de los casos
si las cosas van mal

Lo contrario de *(in the) best-case scenario*.

O It is our belief that, in the **worst-case scenario**, we'll be able to reach the trapped miners in 10 days. In the meantime, we can try to get food and water to them to keep them alive.

LET'S SPLIT THE BILL, SHALL WE?

TACAÑO O GENEROSO

(to be) generous to a fault
pecar de generoso
kindness itself
(ser) la bondad personificada
generosity itself
la generosidad personificada

Se usan mucho en pasado para describir la extrema generosidad de una persona, aunque no es raro encontrarlas en presente. *Generous to a fault* indica tal grado de generosidad que parece casi un defecto. En las otras dos, *kindness* y *generosity* no son exactamente sinónimas, pero a menudo se emplean como si lo fueran.

○ —Thank you for everything; you've been **kindness itself**.
—Think nothing of it.

(to be) mean
(ser) tacaño
tight
tight-fisted
agarrado
stingy
rata

Cuatro adjetivos para definir a los que no se gastan ni un duro, siendo *stingy* un poco más informal. Hay que tener en cuenta que en Estados Unidos *mean* no significa «tacaño», sino «cruel».

○ —If there's a British joke that has a Scot in it, he's usually there to be **tight-fisted**.
—Oh, really? In our country it's normally a Catalan.
—Where on Earth do these stereotypes come from?
—Good question, but perhaps Who perpetuates them? is a better question.

it's on me
yo invito
it's my shout
esta ronda la pago yo
it's on the house
invita la casa

Dos maneras de expresar la misma idea (que uno invita) y una tercera, *it's on the house*, que difiere un poco, ya que también puede ser el dueño del local quien invita. La primera está muy generalizada, la segunda es inglés australiano y neozelandés, aunque cada vez está más extendida. Hay que tener en cuenta que *to invite* en inglés expresa que uno quiere que el interlocutor le acompañe a comer, pero no necesariamente significa que vaya a pagarle la comida.

○ —Il pay for this one.
 —No way, this one**'s on me**.
 —Oh, thanks a lot.

(to be) open-handed
(ser) generoso

No solo indica generosidad en relación con el dinero, sino también a la hora de dar información o simplemente cuando se trata de honestidad.

○ Gail's very **open-handed**; you can ask her for anything and she'll give it to you.

cada uno lo suyo

to go Dutch
pagar a escote
to split the bill
ir a medias

Por lo visto, los holandeses tienen fama de no invitar a nadie. Se usa sobre todo en forma de sugerencia, con partículas como *why don't we*, *shall we*, etcétera. Es inglés británico más que norteamericano; la segunda es más internacional.

○ —Shall we **split the bill**?
 —Oh, good idea.

FLAT BROKE

HABLANDO DE DINERO...

ahorrar

look after the pennies and the pounds will look after themselves
a quien cuida la peseta nunca le falta un duro

Refrán que pretende inculcar el sentido del ahorro entre los jóvenes, de ahí lo de los peniques.

○ —What's the best advice you could give someone about looking after their money, Minister?
—My father used to say to me: **Look after the pennies, and the pounds will look after themselves**. I can't improve on that.

to save (something) for a rainy day
ahorrar por si llegan vacas flacas

Existe un refrán muy castizo que expresa esta misma idea: «Guarda pan para mayo y leña para abril, que no sabes el tiempo que ha de venir».

○ When my grandfather died and left us some money, my brother bought a new car, my sister went on a cruise in the South Pacific, and I decided not to touch it and **save it for a rainy day**. You never know.

to squirrel (money/something) away
tener un dinerillo bajo el colchón

Las ardillas (*squirrels*) tienen fama de saber guardar alimentos durante el verano para poder sobrevivir el largo invierno, como las ahorradoras hormigas españolas. Así pues, *to squirrel away* constituye un homenaje (no exento de humor) a estos entrañables y peludos animales.

○ —A lot of people I know are worried about their retirement, about having enough money to live on.
—Not you though?
—Well, me too, in fact. I have a bit **squirrelled away** of course, but I don't know if it'll be enough to live on.

waste not, want not
el que guarda siempre tiene

Este proverbio, que existe en inglés desde el siglo XVIII, se usa sobre todo en tiempos de escasez. *Want* aquí significa tanto «faltar» como «desear».

○ Don't throw away the water that you've used to boil the vegetables in; use it to make soup. **Waste not, want not**.

gastar

money slips through one's fingers
escapársele el dinero de las manos
ser un manirroto
ser un derrochador

Aplicada al dinero, se refiere a que a una persona no le duran las monedas en la mano ni cinco segundos. También se aplica a algo que uno no consigue alcanzar, como una oportunidad o, más literalmente, la pelota a un portero de fútbol.

○ —Now that you have more responsibilities in life, you'll need to make sure that **money doesn't slip through** your **fingers** anymore.
—I know!

no expense (was/has been/will be) spared
sin reparar en gastos

Algo es tan importante que estamos dispuestos a soltar pasta gansa para conseguirlo.

○ And this is the final plan for a massive new desalination plant we're designing for Qatar. As you can imagine, **no expense has been spared** for this project.

retail therapy
darse un capricho
to go on a spree
quemar la visa

La primera expresa la idea de levantar el ánimo yéndose de compras, como la protagonista de la famosa serie *Sexo en Nueva York*.

○ **She goes on a spree** twice a year, when her royalties cheque comes in.

to spend like a sailor
to spend like there's no tomorrow
tirar la casa por la ventana
to have a hole in one's pocket
tener un agujero en el bolsillo

La primera expresión viene de los antiguos tiempos en que los marineros no necesitaban su dinero en alta mar, así que en cuanto tocaban tierra se ponían a gastar a lo loco. La segunda es muy gráfica y la tercera existe tal cual en español. Es muy parecida a la expresión *money slips through one's fingers*.

○ —How come you're **spending like there's no tomorrow**?
—How come you're asking?

ganar

a cash cow
una vaca lechera
gallina de los huevos de oro
a money spinner
una mina (de oro)

Se usan para describir un producto o servicio que genera mucho dinero de manera continuada. Alude también al hecho de que no genera grandes costes de producción.

○ Believe me, this product is going to be a real **money spinner**, provided that you get in early.

(to be) on the gravy train
haber encontrado un chollo
ganar pasta gansa

Gravy es la salsa espesa, oscura y caliente que se obtiene al asar la carne. Sin carne, no hay *gravy*. Y si uno no tiene dinero para comprar carne, por supuesto no obtendrá *gravy*. Esta expresión significa ganar mucho dinero, a veces con algo ilegal de por medio.

○ His father set him up with his contacts as soon as he was out of university, so he was **on the gravy train** by the time he was in his mid-20s.

to have money to burn
estar podrido de dinero
nadar en la abundancia
money is no object
el dinero no es un problema

To have money to burn es muy clara: uno tiene tanto dinero que puede quemar unos cuantos billetes sin que ello afecte a su economía. *Money is no object* expresa lo mismo pero de forma más modesta.

○ When they approached our company to submit a design for a five hectare hotel and leisure complex in Marbella, it seemed that they had **money to burn**.

to have a windfall
dinero caído del cielo

Literalmente evoca la fruta que el viento hace caer del árbol (con lo cual sale gratis para el que se la encuentra). Hoy en día un *windfall* es una ganancia inesperada: un premio de la lotería, una herencia inesperada...

○ —Pack your bags for a week's holiday, honey. We've just **had a windfall**.
—What have you done? Sold the kids?
—No. Had a bit of luck on the horses.

to kill the goose that lays the golden eggs
matar a la gallina de los huevos de oro

La fábula griega de Esopo cuenta la historia de un hombre que tenía una gallina (según la traducción inglesa era un ganso). La gallina ponía un huevo de oro cada día. El avaricioso mató a la gallina y así le fue.

○ The reason that so many people want the chocolates that we make is because there's a home-made, hand-made element to them. When people come to the shop, they have a coffee in the bar while they're waiting, and they often buy cakes and croissants too. If we industrialize our production, don't you see that that will be **killing the goose that lays the golden eggs**?

to make a fast buck
ganar un dinero fácil
dar un pelotazo

to make a killing
hacer su agosto
forrarse

to rake it in
amasar (una fortuna)
ganar dinero a paladas

Tres expresiones que sirven para indicar unas ganancias suculentas. Sobre todo la primera sugiere que el dinero se obtiene a corto plazo y sin preocuparse demasiado por los escrúpulos (*buck* es el término informal para «dólar»). *To rake it in* literalmente quiere decir que uno va a necesitar un rastrillo para juntar todo el dinero que ha amasado. Se usa mucho en la forma continua: *raking it in*. Las formas en español son igual de gráficas.

⚪ With so many local politicians **raking it in**, it's not surprising that a lot of money needs to change hands discreetly on these housing projects.

to make a living
ganarse la vida

El matiz de esta expresión es que uno se gana la vida de forma modesta. Se puede añadir *good* o *decent* antes de *living* para que resulte un pelín menos humilde.

⚪ —It sounds an interesting line of work, but are you able **to make a living**?
—Just.

to make good money
ganar su buen dinero
cobrar un buen sueldo

Como *to make a living*, tiene también un ligero matiz de humildad.

⚪ —It sounds an interesting line of work, but are you able to make a living?
—In fact, **I make quite good money**.

money for old rope
dinero fácil
a licence to print money
es una mina de oro

Dos maneras para referirse a un beneficio que se obtiene fácilmente, bien porque se ha tenido que invertir poco, bien porque el trabajo que se requiere es sencillo. La primera significa literalmente que se vende «cuerda vieja» y la segunda se usa para aquellos ingresos tan fáciles que parece que a uno le hayan dado permiso para imprimir los billetes.

⚪ Getting people to buy a series of identical T-shirts and sweatshirts from the same hamburger restaurant chain but from different cities is **money for old rope**. All the manufacturers have to do is change the name from Budapest to Bangkok to Barcelona to Berlin. It's **a licence to print money**!

(to be) not short of a bob or two
no es que le falte el dinero
no le falta de nada
pidiendo limosna no le veo

A pesar de la introducción de la moneda decimal en 1971, todavía hay expresiones que conservan la palabra informal para *shilling* (chelín), que es *bob*. Con este sentido se usa siempre con *not*. También existe la expresión *to cost a bob or two*, «costar un ojo de la cara». *To be not short a bob or two* es un buen ejemplo de lo que en Gran Bretaña se conoce como *understatement* y que consiste en enfatizar una cosa precisamente hablando de ella con modestia.

○ —We need more capital to start this venture.
   —Why don't we ask Isabel to join us?
   She's **not short of a bob or two**.
   —Good idea. I'll approach her.

pagar

to cough up
apoquinar
soltar la pasta

Mediante la metáfora de toser (*cough*), este verbo describe el hecho de pagar con cierta reticencia. Se usa muchas veces en imperativo, pero conviene hacerlo con cuidado, pues es informal y puede resultar ofensivo.

○ Marga has been very successful in
   getting several clients who owe us
   money **to cough up**. Well done!

to foot the bill
cargar con la cuenta
asumir los gastos

Cuando alguien *foots the bill* es que va a asumir el pago de una factura (*the bill*), bien sea por un tema puntual (como un banquete de boda) o a largo plazo (unas infraestructuras ferroviarias), sobre todo cuando la suma asciende bastante y no todo el mundo tiene ganas de aflojar tanta pasta. Es informal, pero no puede ofender.

○ My opponent wishes to introduce state medical cover for the whole population. I ask you this one question: Who's going **to foot the bill**? Ladies and gentlemen, you are! It's going to have to come from your taxes!

to make a loss
tener pérdidas
perder dinero

A veces los negocios surgen de buenas ideas, pero el resultado es negativo (*a loss*).

○ With all the costs and investment involved, it's quite normal for a new company **to make a loss** in the first financial year, but after three or four years if it's not showing a profit, then people start to ask questions.

on the never never
a plazos

Hire-Purchase (HP) es una forma de pago a plazos (por ejemplo, un electrodoméstico o un mueble). *On the never never* es una forma coloquial de referirse a este tipo de compra, sobre todo por parte del comprador y, en concreto, el que puede tener algún retraso a la hora de pagar las letras.

○ —Lovely furniture you've got here! Must have been quite expensive... —You know, we got it all **on the never never**. One day it'll be ours, if we ever finish paying for it.

andar justo

(to be) flat broke
no tener ni un duro
estar pelado
estar sin un duro

(to be) strapped for cash
andar mal de dinero

Dos expresiones coloquiales muy frecuentes para referirse a las dificultades económicas.

○ —Is there any way you could lend me a thousand?
—Look, I'd love to help you out, but I'm **strapped for cash** myself.

to make ends meet
llegar a fin de mes
to make do
arreglárselas
apañárselas

Las dos indican que se gana lo justo para llegar a fin de mes. *To make do* tiene más bien la connotación de que uno debe apañarse con el poco dinero que tiene. Expresan cierta resignación, salvo cuando llevan un *can't* delante.

○ —Is it true that there are millions of people in Spain earning a thousand Euros a month?
—It is, and they're called *mileuristas*.
—But how can you **make ends meet** on a thousand Euros?
—It's a mystery. But somehow they **make do**.

(to be) on a tight budget
tener un presupuesto
reducido
to work to a tight budget
trabajar con un presupuesto
apretado

¿Hay algún presupuesto que no lo sea?

○ —Since my wife lost her job last year, we've been **on** quite **a tight budget**.
—You're not having that jacuzzi installed just yet, then?
—No, I think we'll keep the old one going for another year or two...

refranes sobre dinero

the best things in life are free
el dinero no da la felicidad

Así empezaba la canción "Money (That's What I Want)" de los Beatles.

○ —The advertising industry exists to convince us that **the best things in life are** not **free**.
—Friendship, laughter, family, love, health... Can you buy those things?
—Maybe not, but can you maintain any of them without money?

money doesn't grow on trees
el dinero no cae del cielo

Refrán que han usado millones de padres cuando los hijos les piden cosas cada vez más caras. Muchas veces va seguido de *you know?*

○ —Can I have a bike for my birthday?
—A motorbike? **Money doesn't grow on trees**, you know?

money is the root of all evil
el dinero es la raíz de todos los males

Es la típica frase que los abuelos puritanos tenían en una placa de la pared del comedor.

○ —Do you believe that **money is the root of all evil**?
—No way. It's no more responsible than greed and envy, or the desire for power.
—But aren't those things connected to money?

one man's loss is another man's gain
unos ganan, otros pierden

Compara dos efectos contrarios de un mismo hecho.

○ —This area used to be all textile factories. Now all the production is in China.
—Oh well, **one man's loss is another man's gain**.

BARATO O CARO

a bargain
una ganga

La primera es lo contrario de *a rip-off*.

value for money
buena relación calidad-precio

O It may be more expensive than some other options, but when you look at the quality you'll agree that it does represent **value for money**.

bottom of the range
de baja calidad

El primero enfatiza la calidad (que es mínima); el segundo subraya que el precio no puede ser más bajo. También existe *mid-range*.

rock-bottom price(s)
más barato imposible

O These are **rock-bottom prices**, and I tell you, you won't get them anywhere else.

down-market
bottom end of the market
de gama baja

Lo contrario de *up-market*.

O If we want to increase the numbers, we need to think about going **down-market**.

economy model
economy size
tamaño familiar

Sale más barato comprar el tamaño grande.

O If you get this **economy size**, it will work out much cheaper for you, believe me.

no-frills
sin extras

cheap and cheerful
bueno, bonito y barato

Algunos servicios eliminan lo accesorio para ofrecer un precio bajo. *No-frills* se usa para describir ciertas líneas aéreas en las que el billete incluye solo lo básico; vamos, que no te dan ni un zumo.

O —How was your hotel in Lloret de Mar?
—**Cheap and cheerful**. No problems.

caro

a (complete/bit of a) rip-off
un sablazo
un timo

Lo contrario de *a bargain*.

○ The food was very nicely presented, and the view over the city was nice too, but 45 € for a lunch strikes me as being **a bit of a rip-off**.

(the) top end of the market
gama alta
clase alta

Lo contrario de *bottom end of the market*.

○ The downturn in the economy didn't affect **the top end of the market** too much.

top of the range
de primerísima calidad

Puede funcionar como adjetivo y sustantivo.

○ This is **top of the range**. Feel that texture.

up-market
de gama alta
de alto standing
de lujo

Up-market es el antónimo de *down-market*.

○ Hive is a rather **up-market** shop.

ni lo uno ni lo otro

the going rate
lo que se suele pagar
el precio de mercado

Es el precio o sueldo que se maneja en el sector en ese momento. Ni más, ni menos.

○ Ryanair cabin staff are paid at **the going rate** for the airline sector.

HUMBLE PIE

ORGULLO O VERGÜENZA

orgullo

(to eat) humble pie
una cura de humildad
to chew/eat the carpet
to swallow your pride
tragarse el orgullo
bajarse los pantalones

Expresan más o menos lo mismo: tragarse el orgullo, aceptar una derrota o pedir perdón.

○ I told him I never wanted to talk to him again, and now I have to ask him for help. Oh well, it's a case of **swallowing my pride** in order to survive, I suppose.

if you've got it, flaunt it
cada uno presume de lo que tiene

Refleja una actitud de total confianza con uno mismo. Según cómo se diga, puede resultar un poco chulesca. El énfasis recae en *got* y *flaunt*.

○ —You're going to look absolutely stunning in that dress at the wedding, but I think even the bride might be a bit jealous of you.
—I don't care; **if you've got it, flaunt it**.

modesty forbids
modestia aparte

Alguien alaba algo de lo cual uno es el autor. Como no sabe quién ha sido, uno suelta esto y queda bien porque parece que lo dice con modestia, pero en realidad lo único que se pretende es dejar claro a quién hay que atribuirle el mérito. Por eso se dice con una sonrisa en la boca.

○ —Mmmm... who made this salad! It's divine!
—Well, **modesty forbids**.

(my/your) pride and joy
de lo que me siento
más orgulloso
la joya de la corona
la niña de mis ojos

Se dice sobre una persona o una cosa que nos llena de orgullo o felicidad.

O —And finally, this is **my pride and joy**...
—Wow, is that really a Matisse?
—Oh yes, signed by the artist.

pride goes before a fall
más dura será la caída

Si uno se muestra excesivamente confiado de sus posibilidades, puede cometer errores que le conduzcan al fracaso. *Pride goes before a fall* es la versión moderna de un consejo bíblico (Proverbios 16:18). Está documentado en inglés desde el año 1390. A veces se utiliza la forma antigua *goeth* en lugar de *goes*.

O —We're clearly the best team in the whole tournament and it's hard to see anybody being able to stop us.
—Have you heard the expression: **pride goes before a fall**?

(to be) in pride of place
(ocupar) el lugar de honor

Puede referirse, por ejemplo, a la persona que preside la mesa en una comida importante, o bien un objeto especial como el escudo familiar que ocupa un espacio de honor en la casa, o a que se ponga el retrato del fundador de la empresa en la sala de juntas.

O **In pride of place** in his apartment he had a large framed photo of himself in his university graduation gown.

to save face
quedar bien
salvar las apariencias
evitar ponerse en evidencia

to lose face
quedar mal
desprestigiarse
ponerse en evidencia

To save face o su forma adjetiva *face-saving* se usan para expresar el hecho de que uno sale dignamente de una situación comprometida, sin perder el prestigio, sin quedar mal, etc. *To lose face* significa justo lo contrario.

○ 1) If we had been able to offer Saddam Hussein a peaceful **face-saving** solution all those years ago, maybe today's situation in the region would be quite different.

2)—A Chinese colleague of mine lost his father to cancer a few weeks ago, but he almost seemed to think it was funny, saying how stupid he was to lose his father. It was so cold.
—That's because he would have **lost face** if you'd been forced to show sympathy for him.

ye of little faith!
¡hombre de poca fe!

Esta expresión, al igual que su equivalente en español, se utiliza en un momento triunfal ante personas que antes se mostraban escépticas. También se utiliza en situaciones más cotidianas, por ejemplo cuando alguien consigue algo que parecía poco probable (como llegar puntual). *Ye* es una forma antigua del pronombre *you*. En la Biblia (Lucas 12:27-28), cuando varias personas dudaban de la divinidad de Jesucristo, les contestó con esta frase.

○ —Congratulations; it seems your book has been a great success.
—Yes, and you never believed I could do it. **Ye of little faith!**

vergüenza

to name and shame
hacer escarnio público
apuntar con el dedo

La rima es muy importante para que una expresión sea fácil de recordar: he aquí un claro ejemplo. *To name and shame* se usa cuando citamos los nombres de las personas que han cometido algún hecho reprobable con el objetivo de avergonzarles. Refleja muy bien la política de algunos gobiernos de publicar los nombres de los infractores, como pasó en Grecia en 2010 con los médicos y dentistas que defraudaron a Hacienda.

○ The Government's plans **to name and shame** repeat sex offenders were given a mixed response today in the media, but neighbourhood watch groups and most churches welcomed the initiative.

(to be) no skin off
my nose
me trae sin cuidado
¿y a mí qué?

Perder la piel de la nariz debe ser bastante desagradable, así que a quien utiliza esta expresión le da igual si la información que va a divulgar puede resultar dañina para otro.

○ —Would you be prepared to tell us who has been consulting this archive recently?
—Of course I can tell you who has been consulting it, it's **no skin off my nose**.

shame on you!
for shame!
¡qué vergüenza!
¡debería darte vergüenza!

Estas dos expresiones han perdido algo de vigencia y ahora suenan un poco literarias, pero todavía se emplean mucho en conversaciones formales o entre padres e hijos.

○ You left your wife at home with the kids and went out drinking until midnight? **Shame on you**, boy!

TURN A BLIND EYE

ASUMIR O ELUDIR LA RESPONSABILIDAD

responsabilizarse

the buck stops here
la responsabilidad es mía
asumo toda la responsabilidad

En póquer, un *buck* era una pieza que se ponía delante del jugador para señalar que era su turno. Así, *pass the buck* en el contexto del póquer significaba «pasar» o «cambiar el turno» y de ahí evolucionó a pasarle a alguien la responsabilidad de algo. *The buck stops here* significa justo lo contrario, es decir, asumir la responsabilidad para que no recaiga en otra persona. Se dice que el presidente Harry Truman lo tenía sobre su mesa de trabajo como lema personal.

○ It's not the teachers' fault for what's happening to our kid; **the buck stops here.**

to hold someone accountable (for something)
responsabilizar a alguien (de algo)
pedir explicaciones a alguien (de algo)

Se usa para pedirle explicaciones a alguien de una situación, sea o no el auténtico responsable. Se puede añadir *fully* antes de *accountable*. Es habitual en política.

○ —If this doesn't work, let me tell you that I will **hold you accountable**.
—That's very clear. And if it does work?

no responsabilizarse

if the cap fits, (wear it)
el que se pica, ajos come
cuando el río suena, agua lleva

Se utiliza cuando una persona malinterpreta un comentario o una indirecta pensando que iba destinado a ella, cuando en realidad no era así. Quien utiliza este refrán viene a decir que si esa persona se ha dado por aludida, será que había algo de verdad. Curiosamente, en inglés americano en vez de «gorra» (*cap*), se dice «sombrero» o «zapato»: *if the hat/shoe fits, wear it*.

O Well I didn't actually say that you were the one who made us all late, but **if the cap fits, wear it**.

to pass the buck
cargarle el muerto a alguien
to duck your responsibility
eludir la responsabilidad
escurrir el bulto
escaquearse

En póquer, un *buck* era la pieza que se ponía delante del jugador para señalar que era su turno. Así, *to pass the buck* en el contexto del póquer significaba «pasar» o «cambiar el turno» y de ahí evolucionó a «pasarle a alguien la responsabilidad de algo». En americano también se dice *to dodge one's responsibility*. (Véase *the buck stops here*.) Por cierto, *to duck* significa «agacharse».

O So you have no responsibility for what's happening to your kid, and it's all the teachers' fault? Seems to me like you're trying to **pass the buck**.

**to turn a blind eye
(to something)**
hacer la vista gorda
to look the other way
mirar para otro lado

La primera y la segunda son muy parecidas a sus equivalentes en español. *To look the other way* sugiere una falta de ética más acusada que en la primera.

○ I had an idea that money was disappearing but the director made it clear that he wanted me **to turn a blind eye**.

**to pin the blame
(on somebody)**
cargarle la culpa
cargarle el muerto

Se utiliza cuando alguien decide que un inocente va a cargar con la culpa. Se usa también fuera del contexto criminal.

○ Management tried **to pin the blame** on the unions for the incidents, but no hard evidence was given.

**to take the rap
(for something)**
pagar el pato

Expresión que proviene del mundo criminal en Estados Unidos. El significado es el mismo que el de la expresión anterior: el que carga con la culpa no es en realidad el verdadero culpable.

○ —Looks like you're gonna **take the rap** for that bank hold-up in Michigan.
—And if I don't feel like it?

CONTROL FREAK

MANTENER O PERDER EL CONTROL

controlar

(to be) at one's command
at one's beck and call
estar a (la entera) disposición
estar a las órdenes

En ambas expresiones el posesivo hace referencia a la persona que manda. La primera viene del mundo militar, pero se usa en miles de contextos. La segunda es más usual.

○ —Why are you always **at his beck and call**?
—He's my husband!
—And he's a Taliban?
—Don't talk like that!

to call the shots
llevar la voz cantante
cortar el bacalao

Como en inglés no se «corta el bacalao», hay que situarse en un campo de tiro donde los aficionados practican con platos de cerámica. El que se dispone a disparar *calls the shots*, es decir, grita para que lancen el plato. Por supuesto, existe la expresión en afirmativo y en negativo.

○ But I thought we agreed that we'd have a system for keeping the house clean and tidy. Now you're saying that everyone will be responsible for tidying up after himself. Who's **calling the shots** here? Don't we decide things democratically any more?

control freak
(persona) que tiene la manía
de controlarlo todo

Se aplica a las personas que tienen la enfermiza necesidad de controlarlo todo. Si uno le llama a otro *control freak*, lo más probable es que no se lo tome muy bien. Por tanto, mejor usarlo solamente para terceras personas y, si se quiere, también para uno mismo.

○ It's true she's a bit of a **control freak** but you'd have to admit that the place functions very smoothly.

under control
bajo control
controlado

Una expresión muy frecuente, calcada en español y que, también como en español, es adjetival. Es lo contrario de *out of control*.

○ —Everything **under control** for tonight?
—Yes, I'll pick you up outside the Faculty library at 7pm.

descontrolar

to go haywire
volverse loco
perder la cabeza
irse a pique

La expresión tiene su origen en la cuerda metálica (*wire*) que se utiliza para sujetar una bala de heno (*hay*). Con el tiempo, las cuerdas se desatan por la tensión de la paja y la bala se desmorona. Se usa para personas o situaciones. También se usa con el verbo *to be*.

○ Be careful with him when he's had a few drinks, he can **go haywire** quite easily.

out of control
fuera de control
descontrolado

Expresión muy frecuente que, como en español, es adjetival. Es lo contrario de *under control*.

○ When I got back from my trip, things were quite **out of control** at home.

RIGHT AS RAIN

SALUD O ENFERMEDAD

(to be) fit as a fiddle
fit as a butcher's dog
(estar) como un roble

Un *fiddle* es el violín que se toca en bailes populares y en *pubs* (no los que hay en las orquestas y salas de conciertos). *Fit* indica un buen estado de salud. Que las dos palabras empiecen por *fi-* es el único motivo que explica que se unieran para formar esta expresión. La expresión *fit as a butcher's dog* es muy gráfica y obvia, pues los perros de los carniceros seguro que están bien alimentados, aunque sea con sobras.

○ —How long is it since your accident?
—Two months, but isn't that on your computer screen, doctor?
—It is probably. So how do you feel about going back to work?
—I feel **as fit as a fiddle**, and I want to go back as soon as I can.

(to be) as right as rain
(estar) como si tal cosa
encontrarse perfectamente

Puede sonar raro para un español, pero hay que tener en cuenta que estamos ante una lengua que nació en una isla donde la lluvia era y es lo normal.

○ Now, the doctor told your father and I that you're responding well after the operation, and that there's a very good chance that you'll be **as right as rain** in a few weeks.

(to be) match fit
en plena forma
listo para competir

Para referirnos específicamente al estado de forma necesario para competir de un jugador de fútbol, baloncesto, rugby, etc., se usa la expresión *match fit*.

O Recovering from a broken leg has kept him out of action for the last six months, but he's now doing light training, and club doctors are optimistic that he'll be **match fit** before the end of the season.

enfermedad

(to be) as sick as a dog/parrot
encontrarse fatal

Es extraña la fama que tienen perros y loros de estar enfermos, pero en inglés es así.

O —Is that you, Beata?
—Yes.
—Listen, I don't think I can come to work today. I'm **as sick as dog**.

(to be) as white as a feather
as white as a sheet
(estar) blanco como el papel
pálido como un muerto
blanco como la cera

Vale que no todas las plumas son blancas, ni las sábanas tampoco, pero ya se entiende. Una presión arterial baja, una mala alimentación o un susto, pueden dejarle a uno así.

O When she walked in she was as **white as a sheet**, and I knew, I must have known that something was wrong.

to feel under the weather
estar pachucho
no andar muy fino

Esta expresión es muy versátil. Sirve para describir una multitud de malestares y enfermedades, incluida la depresión.

O —Feeling okay?
—**I feel under the weather**, to be honest.

OVER THE HILL

nuevo

brand new
nuevo
flamante

Si algo es *brand new* es que está por estrenar.

O —Have you seen that **brand-new** airport
they've got in Istanbul?
—I have, actually, and it's still as slow and
chaotic as the old one.

in good condition
en buen estado

No está en tan buen estado como si estuviera
in mint condition, pero se puede vender.

O —If you're looking for a second-hand SLR
camera, we've got this Olympus OM-2.
—An OM-2? How old is it?
—About 25 years, but it's **in good condition**.
Zuiko lens and everything. You won't get
quality like that these days.

in mint condition
en perfecto estado
como nuevo

Técnicamente no es nuevo, pero aseguran
que nunca ha sido utilizado. *Mint* es donde
se fabrica el dinero (la casa de la moneda), así
que *in mint condition* literalmente es algo así
como «recién acuñado».

O —Are you interested in buying a second hand
computer? It's **in mint condition**.
—Hang on. Why are you selling it?

(as) good as new
como nuevo

Vaya, como si lo fuera.

⊘ —It's a lovely little car, only one owner, two
and a half years old, only done 2,000 miles,
not a scratch on the bodywork. Look at it;
as good as new.
—And was the previous owner a very careful
old lady?
—How did you guess?

slightly used
poco usado
casi nuevo

El eufemismo perfecto de *second-hand*.

⊘ —That book is out of print at the moment,
but if you want a **slightly used** one, I know
someone who might have one for sale.
—It depends; how much?

joven

(like a) spring chicken
enérgico
(estar) hecho un chaval

Expresión optimista y positiva que se utiliza
para alabar la fortaleza física de alguien. La
versión negativa es *he's no spring chicken*.

⊘ —Have you heard? Martha's just married a
man who's 30 years older than her. She says
he's **like a spring chicken**, if you know what
I mean.
—Really? Something tells me he's quite
rich too.

bright young thing
joven brillante
a wannabe
aspirante
un "quiero-y-no-puedo"

Dos expresiones críticas. La primera se puede usar con su sentido literal, sin ironía. *A
wannabe*, que viene de *want to be*, es una forma de reírse de la ambición exagerada y muy
evidente de alguien, generalmente joven, por
la fama y el dinero.

○ Southern California is full of former
  wannabes who didn't get that lucky break
  in Hollywood.

viejo

(to be) behind the times
quedarse anticuado
estar desfasado

Expresa incapacidad de adaptación a los nuevos tiempos.

○ Her opinion is that the unions are simply
  behind the times. Times have changed,
  but unions are still talking about the same
  issues in the same way, and using the same
  rhetoric that they were using 30 years ago.

(to be) mutton dressed as lamb
aunque la mona se vista
de seda...

Se aplica a las mujeres maduras que van vestidas de jóvenes. Curiosamente, no hay un equivalente para los hombres.

○ —I thought aunt Ann looked nice at the party.
  —In that dress made for a 20-year-old?
  Mutton dressed as lamb, if you ask me.

(to be) old hat
(no ser) ninguna novedad
(no ser) nada nuevo

Referido a una obra de arte o a una idea, *old hat* expresa falta de originalidad o de innovación.

○ Your idea of marketing our product with that
  kind of concept-well, it's not so much a bad
  idea, but it's just **old hat**. It's like the kind
  of thing we were doing 25 years ago.

on its last legs
en las últimas

Originalmente se refería a un caballo que no se tenía en pie, aunque con el tiempo ha pasado a describir cualquier máquina o vehículo que está en las últimas. Se aplica también, de forma cruel, a personas que están a punto de morir.

○ —How long have you had this computer?
—I bought it from you only five years ago!
—Five years! Shit, it must be **on its last legs** by now!

(to be) past one's sell-by date
(estar) caducado

El sentido original es transparente: un producto cuya fecha de caducidad ha pasado. Actualmente se aplica a todo; a menudo a la gente que es demasiado vieja para realizar una tarea determinada.

○ They new management decided that quite a few of the admin staff were **past their sell-by date**.

(to be) past it
estar para el arrastre
estar para jubilarlo
a has-been
vieja gloria
(to be) over the hill
ir cuesta abajo

Tres formas de decir que alguien está en declive, sobre todo en deporte o en política. Son las versiones peyorativas de adjetivos como *mature* (maduro) o *experienced* (experimentado).

○ In many competitive sports, you're considered **over the hill** when you pass the age of 30.

second-hand
de segunda mano

La versión honesta de *slightly used*. ¡Atención! *Third-hand* no existe.

○ —Why don't you get a **second-hand** car? They're half the price of a new one.
—I like the smell of new cars.

ALL TALK AND NO ACTION

ÚTIL O INÚTIL

(to be) all talk and no action
hablar mucho y no hacer nada
mucho bla, bla, bla

Es una forma suave de criticar a alguien que habla mucho y hace poco.

- As a union representative he says all the right things, but he's **all talk and no action**.

(he/she) couldn't organize a piss-up in a brewery*
no saber hacer la O con un canuto

Se puede adaptar a diferentes actividades (cambiando el lugar).

- Pat **couldn't organize a fuck in a brothel**.*

(to be) dead on arrival
ser un fracaso desde antes de empezar
llegar (algo) en mal estado

Se emplea para referirse a algo que llega en mal estado. En sentido figurado, una idea que va a fracasar de antemano.

- The proposal was **dead on arrival**; it wasn't well prepared and it didn't sound convincing.

(to be) really handy to come in handy
ser muy práctico
resultar útil

Dos expresiones para referirse a cualquier cosa, persona o servicio útil y práctico.

- 1) It's **really handy** having a metro station so close to the apartment.

  2) Don't throw away those boxes; they might **come in handy** when we move house.

to cut corners
ahorrar esfuerzos

En las carreras, «adelantar en las curvas» ofrece una ventaja competitiva, pero en el trabajo a menudo implica una pérdida de calidad. Por eso, *to cut corners* se usa a menudo para criticar una política o una gestión de ahorro de tiempo o recursos a costa de la calidad.

○ —But what you call **cutting corners** is just an efficient way any business should operate.
—Yes, but you're **cutting corners** on safety, and that's not the same thing.

(to be) flat out
(ir) a tope (de trabajo)

Expresión muy frecuente que indica que estamos muy ocupados haciendo algo a toda mecha, ya sea en el trabajo o en casa.

○ —Look, we'd love to help you, but we're really **flat out** at the moment. If it were any other time...
—Okay, don't worry.

in ~~next to~~ no time
in no time at all
in a jiffy
in a wink
en un santiamén
en un periquete

Significan lo mismo y se utilizan siempre en pasado o en futuro.

○ —When will you be ready to leave?
—**In next to no time**. Go and get the car started up.

like a rat up a pipe
a toda pastilla
in the blink of an eye
en un abrir y cerrar de ojos

Cuesta imaginar cómo una rata consigue desafiar las leyes de la gravedad y trepar por la tubería (*pipe*) a gran velocidad. La segunda expresión, *in the blink of an eye* es un poco más formal y juega con la misma imagen que su equivalente en español.

○ You should have seen him go up and start cleaning his room when I said he could have a new laptop for his birthday if he promised to keep it tidy; **like a rat up a pipe**.

(as) quick as a flash
como un rayo

Expresión muy útil para expresar que algo pasó de forma repentina o cuando alguien reaccionó muy rápidamente. Se emplea sobre todo para relatar en pasado.

○ When she told them there was ice-cream for dessert, they finished their vegetables **as quick as a flash**.

a rush job
un trabajo urgente

Rush literalmente significa «prisa», así que esta expresión hace referencia a un trabajo que corre mucha prisa.

○ —I've got something here for you, but it's very much **a rush job**. It's just under 1600 words to translate into English, and they want it for tomorrow.
—Is it technical or anything like that?
—No, it's a synopsis for a film. It's a Word doc, so you could translate directly on top. Well?

lento

it's like watching paint dry
es como ver crecer la hierba

Expresa la frustración de una persona que tiene que aguantar la lentitud de otra. Es una expresión que no suelen usar los budistas.

○ —How did your first private maths class go yesterday?
—Watching her trying to work out even the most elementary problems was **like watching paint dry**.
—So will you be going back?
—They pay me.

to spin a job out
alargar un trabajo
columpiarse
trabajar a paso de tortuga

Se usa bastante para criticar a alguien la lentitud con que lleva a cabo un trabajo o una tarea. Tiene un matiz crítico, insinúa que la persona lo hace a propósito por algún motivo.

○ —And these photos here are the Corinth Canal, where you cross into Peloponissos. As you can see the canal is spectacular, quite deep, but very narrow.
—How long did it take to build?
—About 180 years; these Greeks really know how to **spin a job out**.

to drag one's heels (over/about something)
dar largas (a un asunto)
ir dejando (un asunto)

Expresa reservas a la hora de aceptar algo o ponerse a trabajar, sobre todo en política y en los negocios.

○ —Why are you **dragging your heels** over this?
—I'm not **dragging my heels**; I believe what you're doing is wrong.

OFF THE BEATEN TRACK
LEJANÍA, AUSENCIA

off the beaten track
lejos del camino trillado
apartado
escondido

Esta expresión se aplica al viajero aventurero que huye de las rutas típicas y busca nuevos caminos. Pero también se emplea para indicar la ubicación de un restaurante, riachuelo o pueblo no muy fácil de encontrar, con el sentido de «escondido».

⊙ —Where did you take these photos? I want to go to there.
—It's a place called Masca, in Tenerife.
—Never heard of it.
—Well, it's a bit **off the beaten track**.

off the radar
desaparecer del mapa

Indica que alguien no está localizable (ni por radar) o que ha olvidado decir a los suyos dónde estará. O quizá no lo ha olvidado...

⊙ —Where on Earth have you been?
—Oh, I was **off the radar** for a while.
—I was worried about you. You're not normally so hermetic.
—Nothing to worry about. I just needed some time for myself.

TOO CLOSE TO CALL

CERCANÍA, IGUALDAD

a close shave
(salvarse) por los pelos
escaparse de milagro

too close for comfort
demasiado cerca

Son frases en plan machote, como indica lo del «afeitado al ras» (*close shave*). En el ejemplo, *that was a close shave!* se podría traducir por «¡qué poco ha faltado!» o «¡casi nos pillan!».

○ —Isn't that your husband over there, talking on the phone, first car at the traffic light?
—God, yes! That was **a close shave**, wasn't it?
—Certainly was. See you on Thursday?
—Probably.

too close to call
muy igualado
muy reñido

¿Recuerdas las elecciones presidenciales del año 2000 entre George W. Bush y Al Gore? Hubo un empate técnico, salvo por un puñado de votos disputados en el estado de Florida que finalmente fueron adjudicados al candidato Bush. En definitiva, *too close to call* quiere decir que unas elecciones, un concurso, etc., están tan reñidos que es imposible establecer quién es el ganador. La expresión proviene del mundo de la hípica, cuando dos o más caballos llegaban a la línea al mismo tiempo y se tenía que consultar la *photo finish* para decidir quién había ganado. Lo de *call* es una referencia a dar por megafonía el nombre del ganador, para que los que habían apostado por él pudieran pasar a recoger el dinero.

○ Who has won the election? I'm afraid at this stage it's **too close to call**.

NOTHING TO SHOW FOR IT

MUCHO, NADA, DEMASIADO

mucho

many are called but few are chosen
muchos son los llamados y pocos los escogidos

Frase bíblica que hoy se usa en tono irónico, acompañada de una explicación.

○ —How was the party on Saturday?
—Not bad, but quite a lot of people couldn't make it, and it was pretty small and quiet.
—Oh well, I'm sure the people who did go had a good time. **Many are called but few are chosen**, right?

many hands make light work
el trabajo compartido es más llevadero

Refrán del «Señor de las Becas», Erasmo, que expresa lo contrario de *too many cooks spoil the broth*. Se usa tanto para dar las gracias a quien se ofrece a echar una mano, como para lanzar una indirecta al que no ayuda.

○ —Would you like me to give you a hand?
—Great, thanks. **Many hands make light work**, eh?

no more, no less
ni más ni menos

Frase concisa y de mil usos.

○ In this assembly, you are just the same as the rest of us, whatever your wealth or your race, **no more, no less** than anyone else.

(to be) nothing short of...
nada menos que...

Sirve para describir algo de forma superlativa, tanto para bien (*brilliant, sensational,* etc.) como para mal (*scandalous, catastro-*

phic, etc.). Va acompañada de un nombre o un adjetivo. En el primer caso hay que añadir un artículo (como en el ejemplo).

O It was **nothing short of a miracle**, the way they were able to rescue over a quarter of a million men from the beaches of Dunkirk.

(a) whole lot of (something)
mogollón (de algo)

Expresión informal que combina con miles de cosas, tanto positivas como negativas. En esta famosa canción de Jerry Lee Lewis, evidentemente, es positivo:

O Come on over baby / **Whole lot of** shaking going on / Yes I said come on over baby / Baby you can't go wrong / We ain't faking / **Whole lot of** shaking going on

nada

(sweet) fuck all*
bugger all*
nada de nada
ni una mierda
cero patatero

Dos maneras vulgares que tiene el inglés británico de decir «nada de nada». *Sweet fuck all* se puede abreviar como *SFA* (pronunciado «eseféi»). *Bugger all* es un poco menos fuerte.

O —I'm not very happy with my teaching timetable at the moment, Bob.
—Well there's **fuck all** I can do about it just at the moment, I'm afraid, Jules.

nothing to show for it
no se ha visto recompensado
irse con las manos vacías
¿y para qué?

Esta expresión indica cierta decepción, a menudo relacionada con el tiempo, el dinero, la energía o el trabajo que uno ha tenido que invertir en algo y que al final no ha tenido los resultados deseados. Mucho esfuerzo para nada.

O —So, 25 years working for the same company and **nothing to show for it**. No promotion, no career advancement. No prospects.
—Get out while you can, that's what I say.

nothing to speak of
sin comentarios

Una forma muy efectiva de decir que no hay grandes novedades y, en general, de zanjar un tema.

O —Any news about... you know... new boyfriends?
—**Nothing to speak of**, Mum.

there's only so much to say about...
no hay mucho que contar

Expresa que un tema en concreto no da mucho de sí. Va seguida de un nombre o de un pronombre, como en el ejemplo.

O —So, tell me about your holiday.
—Well, **there's only so much you can say about** it; I was with my family, you know. Nothing special.

demasiado

to go too far
ir demasiado lejos
to overstep the mark
pasarse de la raya

Dos maneras de expresar la misma idea: que alguien ha ido demasiado lejos, en sentido figurado. La segunda es un poco más formal.

O I know that Betty's a bit pretentious, but I think that when you ridiculed her like that in front of everybody, you **went too far**.

(to be) over the top
pasarse de la raya
pasarse tres pueblos
(ser) una exageración

OTT es la forma abreviada de *over the top*. Expresión informal que se puede usar en mil contextos.

○ —Wow! Look at her! A bit **OTT**, don't you think?
—I suppose so, yes.

(to be) too little, too late
poco, mal y tarde

Se usa cuando los recursos no son suficientes ni llegan a tiempo.

○ If that financial assistance had come two years ago, it might have been enough, but we've already lost most of our customers. It's **too little, too late**.

(to be) spoilt for choice
tener mucho donde elegir
tener demasiadas opciones

Expresa la idea de que no resulta fácil elegir cuando hay un montón de buenas opciones.

○ —Are you ready to order your main course?
—Wow, I'm **spoilt for choice**. It all looks delicious, but I think I'll have the salmon.

too many chiefs and not enough indians
muchos generales para tan pocos soldados

Se usa para las situaciones en las que hay muchos jefes y pocos trabajadores y, como consecuencia, el trabajo no avanza.

○ **Too many chiefs and not enough indians**, that's the problem with this department.

too many cooks (spoil the broth)
muchas manos en un plato hacen mucho garabato

Como tantos otros proverbios, este también tiene su opuesto: *Many hands make light work*.

○ Now they've got 12 people working on the project. It's getting harder to communicate, and impossible to manage. **Too many cooks**!

(to be) a no-brainer
(ser) obvio
estar chupado

Cuando algo es tan obvio que uno ni siquiera tiene que enchufar el cerebro (*brain*).

○ They asked me if was interested in sex. Well, that's **a no-brainer**, I said to myself.

(to be) a walkover
(to be) a doddle
(ser) un paseo
(ser) pan comido
estar tirado

Ambas expresiones sirven para referirse a algo que es fácil de realizar. Se usan en pasado, presente y futuro. La segunda es un pelín más coloquial.

○ 1) —Did you win the match?
 —Yeah, it was **a walkover**!

2) —Worried about the Trigonometry exam?
 —No way! It'll be an absolute **doddle**!

no sweat
¡ningún problema!

Es una expresión muy actual. Lo que nos piden es tan sencillo que no vamos ni a sudar.

○ —Can you have those ready by 6pm?
 —**No sweat**.

(to be) plain sailing
(ser) coser y cantar
a piece of cake
pan comido
a piece of piss*
¡chupado!

Las tres significan que algo es facilísimo. *Plain sailing* se refiere literalmente a navegar con viento favorable y el mar en calma. En cuanto a *piece of cake*, juega con la idea de que no hay nada más fácil que comerse un trocito de pastel. *A piece of piss* es más vulgar y, en inglés, las vocales de *piece* y *piss* se pronuncian de manera muy diferente. Las tres se construyen con *to be*, pero también tal cual (como en el segundo ejemplo).

🔵 1) —How did the job go?
   —Oh, it was **plain sailing**.

2) —Was the exam hard?
   —No, **a piece of cake**!

3) You want me to fix that for you?
   It's **a piece of piss**!

preaching to the converted
preaching to the choir
hablarle a Noé de la lluvia
gastar saliva

La idea es que un predicador debe tratar de convertir a los paganos e infieles, no a los ya conversos (o a los miembros del coro). Se puede aplicar a muchas situaciones, en las que la persuasión sobra porque el interlocutor ya está convencido de antemano. Se construye con el verbo *to be*. En inglés americano se utiliza mucho más la segunda o una variable de la primera, *to the convert(s)*.

🔵 No need to tell us about the benefits of life insurance; you're **preaching to the converted**. We took out insurance cover many years ago, and the way things are going, we're glad we did.

there's nothing to it
no tiene misterio

Se refiere a algo que no tiene gran complicación, que es fácil de hacer o de entender. Se utiliza cuando queremos animar a alguien a hacer algo o, hablando de uno mismo con modestia, para restar mérito a lo que hemos conseguido.

🔵 You've never learnt how to use Excel? Don't worry, **there's nothing to it**. Let me show you.

difícil

(to be) an uphill struggle
(ser) muy difícil
(hacerse) cuesta arriba
pissing in the wind*
like pushing shit uphill*
como predicar en el desierto
como mear contra el viento*
difícil de cojones*

Tres expresiones para referirse a tareas difíciles, muy difíciles o casi imposibles. La primera es más formal y se puede usar en cualquier contexto. La segunda es informal y no conviene usarla ante personas con las que no tenemos mucha confianza. La tercera es vulgar y de lo más gráfica; se usa sobre todo en Australia y Nueva Zelanda.

○ —How's it going with your new business?
—Well, it's **an uphill struggle**, that's for sure, but I'm optimistic about the future.

easier said than done
del dicho al hecho va un trecho

Esta expresión se refiere a algo que parece una buena idea de entrada, pero que va a resultar difícil llevarla a la práctica.

○ They want me to reach an advanced level of Chinese in two years, but that's **easier said than done**.

it's like pulling teeth
it's like trying to get blood from a stone
hay que sacarle las cosas con sacacorchos
no soltar prenda

Describen la dificultad de obtener información de alguien o de sacarle una respuesta clara.

○ 1) Have you tried trying to talk to Dave?
It's like pulling teeth.

2) We're very good clients of theirs, but trying to get a better discount from them is **like trying to get blood out of a stone**.

MAKES NO DIFFERENCE

lo mismo

LO MISMO O DIFERENTE

(it) makes no difference
makes no odds
da lo mismo
da igual

Dos formas de expresar la misma idea. La primera es inglés estándar y la segunda es más coloquial. Se usan sobre todo en *present simple*. Suelen ir seguidas de una frase introducida por un pronombre relativo (*who/which* o *what/where/why*).

○ **It makes no difference** who you vote for; real power is not in the hands of politicians.

same difference
me da lo mismo
same old, same old
lo mismo de siempre
la misma cantinela

Dos maneras informales para expresar que no hay diferencia real entre dos opciones (en el caso de *same difference*), y que un cambio que se ha llevado a cabo o que se está proponiendo en realidad no va a cambiar nada (*same old, same old*). A menudo se escribe *same ol, same ol* y también *same ole, same ole*.

○ —Do you want to go the 4 pm session of the film or the 6.30?
   —**Same difference**.

Tweedledum and Tweedledee
tanto monta, monta tanto
ser harina del mismo costal

Decían sus contemporáneos que el compositor Händel y el músico Bononcini eran casi idénticos. Así nacieron sus apodos *Tweedledum* y *Tweedledee*. Un siglo más tarde, el escritor Lewis Carroll popularizó estos apodos en *Alicia a través del espejo* poniéndoselos a dos gemelos idénticos que hacían la vida difícil a la pobre Alicia. Hoy en día, se dice *Tweedledum* y *Tweedledee* para referirnos a dos opciones o a dos personas muy parecidas.

○ —Aren't you concerned about who gets elected?
—Not really; it's a case of **Tweedledum and Tweedledee**.

diferente

(to be) a different kettle of fish
(ser) harina de otro costal
otra historia

Expresión opaca donde las haya. Un *kettle* es un hervidor de agua (para hacer té, claro), pero ni siquiera los británicos meten dentro el pescado... Sirve para indicar un cambio sustancial en una situación. Se construye siempre con el verbo *to be*, así que se adapta fácilmente a diferentes tiempos verbales.

○ When I was a girl, the young man would come to your house in his good clothes at 5pm and say hello to your parents, and then take you for a drink, which was never alcohol, and you'd go for a walk, or if it was Sunday to the cinema. It's **a different kettle of fish** these days, isn't it?

(to be) a far cry (from something)
(ser) muy distinto (de algo)
tener poco que ver (con algo)

Aquí *cry* significa «grito», no «lloro», de modo que un grito lejano es algo muy distinto a lo que tenemos cerca, es algo remoto.

○ Today you log on to a website in your own house and in 10 minutes you find the cheapest flights to and from hundreds of airports, with dozens of airlines. You buy your flight using a number on a small piece of plastic. The website gives you a code that it sends to your email. There are no paper tickets. You can even check in online. It's **a far cry** from the travel agencies of the 1970s and 80s.

a (whole) new ball game
otro cantar
otra época
las reglas han cambiado

Procedente del béisbol, es la versión norteamericana de las entradas anteriores. Sirve para referirse a una nueva situación que lo cambia todo.

○ For the United States, 9/11 showed our Defense Department that we were dealing with **a whole new ball game**.

a sea change
cambio drástico
viraje

Su origen lo encontramos en los cambios que se producen en las mareas e indica un cambio radical de dirección. *A sea change* lo utilizan sobre todo periodistas y sociólogos y tiene el matiz de que el cambio que se produce es irrevocable.

○ There was **a sea change** in the UK and the USA at the start of the 80s, with the election at almost the same time of Margaret Thatcher and Ronald Reagan. Over the next decade, public services were cut back, and enormous amounts of money were transferred from the poor to the rich.

NORMAL Y NO NORMAL

normal

bog standard
del montón
común y corriente

Expresión adjetiva acuñada en los años sesenta. Es inglés británico informal. El equivalente americano es *run-of-the-mill* o *garden-variety*.

○ I went to a **bog standard** secondary school.

(to be) nothing to write home about
(no ser) nada del otro mundo
nada del otro jueves
para tirar cohetes

Imagínate a un chaval en el típico internado que se dispone a escribir su carta semanal a casa. No tiene gran cosa que contar porque no ha ocurrido nada especial. Esta frase expresa precisamente eso, se usa a menudo para rebajar el entusiasmo de otros por algo.

○ We went to see *Avatar* after hearing so much about it, but apart from the special effects, we thought it was **nothing to write home about**.

(to be) par for the course
como era de esperar
(ser de) lo (más) normal

En golf, el par es el número máximo de golpes que se pueden realizar para completar un hoyo sin penalización, y *par for the course*, el número máximo de golpes para realizar el circuito completo. Así pues indica lo que se prevé en una situación. A veces se puede traducir con un «bueno, ¿y qué esperabas?».

○ —Clara never replied to my phone call.
—That's **par for the course**, I'm afraid.

no normal

above par
por encima de la media
mejor de lo que se esperaba

Above par expresa que algo ha superado las expectativas. Es inglés británico informal.

O —How would you rate the hotel?
—Definitely **above par**.

below par
no estar a la altura
no ser algo lo que
se esperaba

Indica que algo está por debajo de las expectativas. Es inglés británico informal.

O ... and it was a distinctly **below par** performance from England, which has disappointed thousands of fans who have travelled so far...

offbeat
original
poco convencional

Se usaba originalmente en el jazz para indicar un ritmo no acentuado, no marcado. Ahora hace referencia a cualquier expresión artística fresca y original. (Véanse las expresiones *upbeat* y *downbeat*.)

O You'll need to hurry if you want to get tickets for this **offbeat** comedy which is showing at the Assembly Rooms until Thursday.

to think outside the box
ser creativo
tener una idea atrevida
de perdidos al río

Expresión frecuente en *management thinking*. Describe el hecho de ser creativo a la hora de solucionar problemas. Se usa en la forma progresiva (*thinking...*) para advertir de que la idea que va a proponer puede sorprender.

O OK, so, just **thinking outside the box** for a minute; do we really need this client if they give us so many headaches?

SHOW ME THE ROPES

ADAPTARSE Y ENSEÑAR

adaptarse

to find one's feet
habituarse
adaptarse

Expresión muy habitual que se usa para describir el hecho de adaptarse a una situación nueva.

○ For migrant children from Latin America, the Mahgreb, sub-saharian Africa and the Far East, it can understandably take a few months **to find their feet** in our schools.

enseñar

to show (someone) the ropes
poner al corriente
enseñar lo básico
poner al día

Ambas provienen del lenguaje de los marineros. Antiguamente en los barcos había centenares de cuerdas (*ropes*) y a los novatos se les tenía que enseñar los nombres y las funciones de cada una. Hoy en día *to show the ropes* se utiliza para alguien que es nuevo en un colegio, universidad, empresa, etcétera. Una expresión derivada de esta es *to know the ropes;* se usa para hablar de alguien que ya domina y sabe cómo funciona perfectamente un tema.

○ —Hermione, would you **show** this new boy Harry **the ropes** please.
—Of course, Mr Dumbledore.

WE'RE EVEN

QUEDAR EN PAZ

to call it quits
quedar en paz

Una forma de indicar que se deja de pelear, aunque ninguna de las partes salga victoriosa. Puede ser de mutuo acuerdo o porque lo sugiera alguien. *Let's call it quits* puede traducirse como «Dejémoslo de una vez».

○ —Look, let's **call it quits**, shall we? I don't want to fight any more.
—Well, I didn't want to fight in the first place!
—Well neither did I!

to get even
ajustar cuentas
desquitarse
don't get mad, get even
la venganza es un plato
que se sirve frío

Dos expresiones informales. La primera expresa que uno se venga porque tiene el orgullo herido. La segunda exhorta a la víctima a no enfadarse (*get mad*) y a buscar venganza (*get even*).

○ —Marta took all the credit for the work I did! I can't believe it!
—Okay. That's awful, but **don't get mad, get even**. Why don't you...?

we're quits
we're even
estamos en paz

Dos maneras coloquiales de indicar que estamos en paz. Al igual que en español, a menudo se utilizan para aceptar que el otro ya ha recuperado el honor perdido.

○ —I'm sorry I said that to you before.
—Okay. I shouldn't have said what I said this morning, so now **we're even**.
—Well, if that's the way you want to think about it.

AND BOB'S YOUR UNCLE

EMPEZAR Y TERMINAR

empezar

back to square one
back to the drawing board
vuelta a empezar
comenzar de cero
volver al punto de partida

Ambas son reacciones a un contratiempo considerable que nos hace volver literalmente al principio. *Square one* es la casilla de salida en un juego de mesa. *The drawing board* es la mesa de dibujo de un arquitecto. Las dos expresiones se pueden aplicar a cualquier situación en la que tenemos que volver a empezar.

○ —They didn't offer me the job in the end.
Oh well, **back to square one**.
—The bosses have rejected our plan for
next year. **Back to the drawing board**.

to cut to the chase
to get down to brass tacks
to get down to business
ir al grano
entrar en materia

Las tres expresiones indican un deseo de entrar en materia sin más rodeos y de empezar a hablar de las cosas importantes. La primera se usa en Estados Unidos y la segunda es más británica. La tercera es internacional. Las tres se utilizan a menudo empezando con *let's...*

○ Okay, if everybody's been introduced and
had their coffee, let's **get down to business**,
shall we?

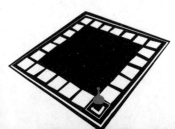

to get a foot in the door
to get a toehold
introducirse (en una profesión)
darse a conocer

Para entender el significado hay que pensar en los vendedores que iban de puerta en puerta hace cuarenta años, y lo importante que era para ellos meter un pie en la puerta como primer paso (literalmente) para poder conseguir una venta. En la segunda versión no es el pie, sino los dedos del pie (*toehold*). Se utiliza en situaciones en las que darse a conocer o publicitar tus servicios es el primer paso.

O If we can **get a toehold** with one of these large, national distributors, it'd be great for us.

let's get started
vamos a empezar
let's get cracking
manos a la obra
let's get going
vamos allá
ready to roll?
all set?
¿listos?

Todas estas expresiones indican la voluntad de empezar a hacer algo. Evidentemente *ready to roll* se originó en el mundo del cine.

O Okay, if everybody's ready, **let's get started**.

terminar

(and) Bob's your uncle
(y) ya está
y marchando
y asunto arreglado

Expresión coloquial muy frecuente en inglés británico que suele decirse tras haber dado una serie de instrucciones que no conllevan ninguna dificultad. Se puede omitir *and*.

O —Okay just click here, hold this down and choose the first option... **and Bob's your uncle**.
—Hey, that was so easy!

and that's that
y sanseacabó
y no hay más que decir
y tema zanjado
y punto

Es una expresión parecida a *(and) Bob's your uncle* que se usa para zanjar cualquier tema en un contexto informal, incluso para indicar que no va a haber más discusión sobre el tema.

○ 1) You see, all you have to do is click here on the arrow, click on this option, and wait for it to tell you that you can take out the pen drive. **And that's that**. Easy, isn't it?

2) No, you are not going to spend the weekend at your friend's house just because her parents are away, **and that's that**!

are you done?
¿has terminado?
I'm done
ya está
I'm sorted
ya estoy

Tres expresiones informales y aplicables a miles de situaciones. La primera pregunta si algún trabajo se ha acabado y las otras dos se usan cuando ya se ha terminado. A veces, se dice *I'm* o *We're sorted* cuando ya se ha solucionado un problema.

○ —Do you need more time, Alan?
—No, **I'm sorted**. It's all on my Mac now.

to cut one's losses
cortar por lo sano

Se usa cuando, en una situación destinada al fracaso, nos retiramos a tiempo antes de seguir perdiendo más (pueden ser pérdidas de dinero, daños emocionales, o simplemente conflictos o dificultades). Se usa a menudo en imperativo para hablar de temas relacionados con el amor y el dinero.

○ —He'll never make you happy; **cut your losses** and find someone else.
—I think we should cut our losses with the export market and concentrate on our local one.

is that it?
¿ya está?
¿eso es todo?

Es el título de la autobiografía de Bob Geldof (publicada en 1986), tomado del grito que pegó un chaval después del macroconcierto *Live Aid*, que Geldof organizó en 1985 para recaudar fondos en beneficio de países de África oriental. Sirve para preguntar si algo ha terminado ya o queda más. Según la entonación, expresa sorpresa o incluso enfado.

○ —... and can you remember to have those reports ready by 2pm please?
—**Is that it?**
—Yes, I think we're done for now.

let's call the whole thing off
cancelar algo
zanjar un asunto
poner punto y final

Se refiere a tirar la toalla y abandonar un proyecto. *Let's* indica una decisión o una sugerencia. *To call off* significa «cancelar» o «abandonar». Por supuesto, podemos sustituir *the whole thing* por algo más concreto.

○ 1) Okay, you don't love me and I don't love you; **let's call the whole thing off**.

2) Having only sold 10% of the concert tickets by the day of the concert, the promoters opted **to call it off**.

to put (something) to bed
zanjar un asunto
cerrar un partido
dar carpetazo
finiquitar

La expresión es bastante gráfica, sobre todo para los que son padres: cuando metes al niño en la cama, ya puedes relajarte porque no dará más guerra por hoy. Y se hace lo mismo con cualquier otro tema que haya que despachar. Es una locución informal, pero sin connotaciones sexuales. También se utiliza la expresión *let's put that one to bed*.

○ They're winning 1-0 but they really need another goal **to put** this game **to bed**.

MAKING TRACKS

MARCHARSE O QUEDARSE

marcharse

to get moving
to get going
to make tracks
to beat it
to take off
irse marchando
ir tirando
empezar a irse

to shove off
largarse
to piss off*
pirarse

Cinco maneras informales de indicar que nos vamos. Las tres primeras no van a ofender ni a la reina, pero *shove off* es muy informal y a menudo se usa en imperativo con el sentido de «¡vete!» o «¡déjame en paz!». *Beat it* y *take off* son más americanas. *Piss off* es vulgar, y tampoco debería usarse delante de la familia real. Se puede usar también en imperativo con el sentido de «¡que te den!». ¡Atención! Como adjetivo, *pissed off* en Gran Bretaña significa «cabreado»; en Estados Unidos se dice *pissed*, sin el *off* (este último en inglés británico significa «borracho»).

○ —Is that everything for today?
—Yes. Time **to get moving**, I think.
—Okay, bye then.

quedarse

to hang around
to stick around
quedarse

Dos verbos coloquiales que expresan la misma idea.

○ —Is it okay if I **stick around**?
—I was hoping you would.

to hang out
pasar el tiempo
pasar el rato

Se acuñó en la época *hippy* y tiene el sentido de quedarse a la espera o simplemente quedarse en un sitio sin hacer nada especial. Actualmente sigue siendo el comportamiento preferido de los adolescentes cuando se reúnen.

○ —What is it that you do with those friends
of yours?
—Nothing. We just **hang out**.
—Fascinating.

to hold the fort
quedarse al cargo
to mind the shop
quedarse al frente

Dos maneras de expresar que alguien se queda al frente de algo, cuando los demás han tenido que marcharse. La primera evoca un *western*, la imagen de no dejar que el fuerte caiga en manos del enemigo. La segunda tiene un origen menos épico: hace referencia al hecho de quedarse despachando en la tienda mientras los dueños están fuera.

○ —I have to pop out for a quarter of an
hour to sort out something at the bank.
Could you **hold the fort** for 15 minutes?
—Sure.

to stay put
no moverse
quedarse

Otro verbo coloquial que expresa la idea de quedarse en un sitio, sobre todo si implica una actitud de resistencia o tozudez (según el punto de vista).

○ —Everyone's going out; are you going
to join us?
—No thanks, I'll **stay put**.

COMING THROUGH

mejorar

MEJORAR O EMPEORAR

to come through (in the end)
to come through/up with the goods
salir bien
acabar bien
superar (una situación)
poder con algo

Estas son dos maneras de indicar que algo o alguien ha superado con éxito una situación complicada. Normalmente se utilizan en pasado.

○ —Well, there's been a lot of concern recently about her poor form in training, but she's just won the 200 metres in a new European record time!
—Yes, I always had the feeling she would **come through**.

to get it together
espabilar
prepararse
ubicarse
controlarse
to get one's act together
to get one's shit together*
organizarse
arreglárselas
espabilar

To get it together indica que una persona tiene que cambiar su actitud de una vez por todas, porque está haciendo daño a alguien o porque personalmente no puede salir del hoyo. Suele expresar una recomendación. La segunda expresión *(to get one's act together)* es más informal y la tercera es su equivalente vulgar.

○ 1) —Sorry, I know I've been a bit unfocused recently; I know I've got to **get it together**.
—Good to hear you say it.

2) —Yeah, sorry, I know it was supposed to be ready for this morning...
—Come on! **Get your act together**.

pull your socks up
ponte las pilas
¡espabila!
haz un esfuerzo

Pull your socks up es muy gráfico: le decimos a alguien que se suba los calcetines (*socks*). Así recuperará la compostura y estará preparado para lo que venga. Suelen decírselo los padres a sus hijos, cuando se dejan.

○ If you don't **pull your socks up**, you won't get a place in Medical School; you know that, don't you?

empeorar

to go from bad to worse
ir de mal en peor

Un expresión literal a su equivalente en español.

○ We used to complain about the previous management but under the present one, things seem to **have gone from bad to worse**.

to go to pot
irse al traste
to go to the dogs
echarse a perder
venirse abajo

La primera curiosamente viene del hecho de cortar los ingredientes en trozos pequeños antes de echarlos a la cazuela (*pot*). No parece algo muy dramático, ¿verdad? El caso es que hoy tiene una connotación negativa. La segunda, sobre todo indica un empeoramiento moral o al menos de hábitos. Se originó ante la supuesta falta de moralidad que se asociaba con el hecho de asistir a las carreras de galgos.

○ In the past, this company had high standards of customer service, but since privatisation all that **has gone to the dogs**. Now it's about maximising profit and nothing else.

the best thing since sliced bread
el "no va más"
la octava maravilla

El invento del pan de molde (*slice bread*) a mediados del siglo xx tuvo tanto éxito que los publicistas lo aprovecharon en los anuncios para describir algo excelente o fuera de serie. Se aplica también a personas innovadoras y excelentes.

○ Better quality table wine sold in cartons didn't sell well at first in Spain, because of the carton's associations with low quality products, but now for parties people are starting to say that bag-in-box, or carton wine, is **the best thing since sliced bread**. Nice packaging. Large cartons. No need for corkscrews. No broken glass. No problem with leftover wine.

best practice
buenas prácticas
benchmarking
punto de referencia

Dos términos parecidos para indicar un excelente nivel de trabajo o de servicio y que debe marcar la línea en la que se trabajará. Son nombres no contables, aunque *benchmark* puede funcionar como verbo también, como en el ejemplo.

○ The purpose of this committee is to find and recognise best practices among all our branches and then find ways to **benchmark** that, in order to be able to provide the highest standards of customer service.

to break even
to cover costs
cubrir gastos
to make a profit
obtener beneficios

Es normal que un negocio nuevo no obtenga beneficios (*profits*) durante quizá el primer año o incluso que tenga pérdidas, pero se espera que dentro de un tiempo por lo menos no haya pérdidas y el balance sea de cero o que por lo menos se puedan cubrir los gastos (*break even/cover costs*). Estas dos expresiones son iguales, pero con un énfasis diferente: *cover costs* se utiliza para una ocasión específica y *break even* es más general, por ejemplo para definir el fin del año fiscal.

○ From a modest profit four years ago, the company started making a small loss and has only started **to break even** again in the last year. At the moment we're covering costs, but not much more.

to come up with
the goods
cumplir con lo prometido
lo prometido es deuda

Indica que se ha cumplido una promesa.

○ Senator, you made some huge promises in your electoral campaign. Now that you're in power, when are you going to **come up with the goods**?

(to be) flavour of
the month
(ser) una moda

Expresión que viene del mundo de los helados; al parecer se promocionaba un sabor distinto cada mes. Se aplica a cualquier cosa que está de moda, con un sentido efímero.

○ If I were you I'd avoid Heinrich for a few days. After what you said in front of those clients after dinner last night, you're not exactly **flavour of the month**.

game, set and match
punto y final

Esta expresión viene del mundo del tenis; literalmente significa «juego, set y partido». Se dice en el momento en que el tenista gana el partido. En sentido metafórico se utiliza en muchas situaciones para indicar que ha sido una victoria rotunda.

○ In the televised presidential debate, the current president was shown to be defending the same policies that he attacked when he was in opposition. **Game, set and match** to his opponent.

home and dry
home and hosed
respirar tranquilo
tener la victoria asegurada

it's in the bag
está en el bote
está hecho

Las dos primeras vienen del mundo de la hípica. *Home and dry* habla de cuando un caballo ha ganado una carrera, ha llegado a casa (*home*) y ya le han secado (*dry*) el sudor. En Australia y Nueva Zelanda se dice *home and hosed* (*hosed* literalmente significa «bañado con una manguera»). *It's in the bag* viene del mundo de la caza y de la pesca (evoca la imagen de un conejo, por ejemplo, que ha sido abatido y ya está en el morral listo para que uno se lo lleve a casa).

○ 1) You did the interview well, I hear. You're **home and dry**, my friend.

2) With only two games to go to the end of the season and four points more than their nearest rivals, they could be forgiven for thinking that they're **home and hosed**.

3) That was a great presentation, Dave. This one's **in the bag**!

if you can't beat them, join them
si no puedes vencerles, únete a ellos

Frase que se usa para justificar que uno se ha aliado con el enemigo, o simplemente para reconocer una causa perdida y pasarse al bando ganador.

○ —I never thought I'd see you studying Law.
—Well, **if you can't beat them, join them**.

innit to winnit
¡a por todas!

Expresión informal que indica una marcada ambición por el triunfo. Es inglés oral más que escrito. Es una forma abreviada que viene de la expresión *(to be) in it to win it*.

○ —Do you really think you have a chance of getting this contract?
—Oh definitely, we're **innit to winnit**.

to jump on the bandwagon
subirse al carro

Un *bandwagon* en Estados Unidos era un carro de caballos que transportaba a los músicos itinerantes de pueblo en pueblo. Subirse al *bandwagon* era una forma de adherirse a un proyecto, una idea o una moda que tenía todos los números para triunfar. Tiene, por tanto, el matiz de que alguien se aprovecha de un éxito que no le corresponde.

○ Suddenly, everyone seems to be a supporter of ours these days. Because we're so successful maybe, they all want **to jump on the bandwagon**.

to make good
to come through
triunfar
salir bien

Dos verbos que indican que la perseverancia ha dado sus frutos, aunque nadie daba un duro por ello. Se acompaña de *with flying colours* cuando el éxito ha sido rotundo, por ejemplo: *She came through with flying colours in the end*, «al final les pasó la mano por la cara», «se salió con la suya».

○ Despite growing up poor and handicapped in one of the town's most depressed neighbourhoods, he **made good**, and has become an articulate, successful politician who has made real changes to the district.

(to be) on a roll
on a winning streak
estar en racha

Las dos expresiones significan que alguien está en racha. *To be on a roll* viene del surf; piensa en una ola (*roll*) que rompe de manera perfecta. *A winning streak* se produce cuando en el juego la suerte nos acompaña una y otra vez.

○ 1)—So, Dani, another victory away from home. That makes it three out of three.
—Yes, we didn't have a very good start to the season, but I think **we're on a roll** now.

2) Let's go for it now; we're **on a winning streak**.

(to be) on form
estar en forma
pasar una buena racha

(to be) off form
estar en baja forma
pasar una mala racha

Fíjate, solo cambia la preposición *on/off*.

O 1) Everybody thinks it'll last forever when they're **on form**.

2) The leading mezzo-soprano was **off form** last night and was criticized mercilessly by the audience.

to play a blinder
jugar de maravilla
salirse

Significa que un individuo o un equipo han jugado de manera sobresaliente, aunque ello no quiere decir obligatoriamente que hayan ganado. Se suele usar en contextos deportivos, y a menudo también para referirse a un debate político.

O He **played a blinder** in the semis against Argentina, and fully deserved the man-of-the-match award.

to run rings round someone
dar mil vueltas a alguien

Demostrar mucha más experiencia o habilidad que el rival.

O We didn't just win! We **ran rings round** them!

to sell like hot cakes
venderse como rosquillas

Por lo visto, los bizcochos calientes se vendían como rosquillas. Expresión muy común, sobre todo en Estados Unidos. Se usa para cualquier cosa que se vende bien.

O When can you get me more stock of these earphones? They're **selling like hot cakes**.

to take someone to the cleaners
hacer morder el polvo a alguien
dar a alguien su merecido

Expresa el hecho de exigir el máximo de justicia, venganza o recompensa a alguien que de alguna manera ha herido a otro. Hay que decirla con contundencia. También puede significar «dejar sin blanca».

O His creditors **took him to the cleaners** after his massive fraud got into the media, and the legal system started its slow motions. But rumour has it that he had managed to squirrel quite a lot of money away in a couple of Swiss bank accounts.

to win hands down
ganar sin despeinarse

La victoria será tan fácil que ni siquiera hará falta mover las manos. Esta expresión se puede utilizar en pasado, en presente o en futuro.

O —Hey, we **won hands down**!
—Well done, darling. What did you win?

to wipe/sweep the board with someone
borrar (a alguien) del mapa
machacar (a alguien)
barrer

Ganar de forma aplastante en cualquier campo, ya sea en el deporte, en la política, en los negocios, etc. Literalmente, *to wipe* significa «limpiar», «pasar el trapo» y *to sweep*, «barrer».

O I don't want to play chess with him ever again. He **wipes the board with** me.

fracaso

(to be) a non-starter
imposible
destinado al fracaso

Es una situación sin esperanzas desde su inicio, por eso no se llevó a cabo. Proviene del mundo de la hípica, cuando un caballo se retiraba de la carrera antes de empezar.

○ Why did you think you'd be happy with him? That relationship was **a non-starter**.

don't call us, we'll call you
ya le llamaremos

Típica frase que se dicen después de una entrevista de trabajo cuando probablemente no le van a ofrecer el puesto. Hoy se utiliza para expresar rechazo en variedad de situaciones.

○ —How was your date last night?
—**Don't call us, we'll call you!** He was the dullest thing.

to fight a losing battle
librar una batalla perdida
luchar por una causa perdida

Recuerda que *fight* es irregular. En pasado y participio pasado se dice *fought*.

○ You're **fighting a losing battle** you know, your son just doesn't want to study.

a (bit of a/complete) flop
a fizz
un (completo) fracaso
un bluf

En un momento del libro (y de la película), a Bridget Jones la entrevistan para un puesto como periodista y le preguntan *What do you think of El Niño?* Ella no sabe que El Niño es un fenómeno climático y contesta: *It's a fizz; latin music is a fizz.*

○ —How did your romantic weekend go?
—**A complete flop**. Let's talk about something else.

to throw in the towel
tirar la toalla

Cuando un boxeador no puede más, su entrenador tira su toalla al cuadrilátero. *Throw in the towel*, como en español, significa que uno no va a seguir intentándolo. Se puede utilizar en situaciones pasadas, presentes o futuras y en contextos como el amor, el deporte o la política. *Throw* es irregular. El pasado es *threw* y el participio pasado, *thrown*.

O If you think I'm going to **throw in the towel** after one rejection, you're mistaken.

a white elephant
un mamotreto

La expresión se utiliza para expresar la inutilidad de un proyecto de grandes dimensiones que, además, ha sido carísimo y, encima, un fiasco. Por ejemplo, en opinión de algunos, el Fórum Universal de las Culturas de Barcelona (2004).

O It was supposed to be the best theme park in southern Europe, but 10 years and millions of Euros later, it was **a** complete **white elephant**.

you win a few, you lose a few
unas veces se gana, otras se pierde

Tópico que usa el perdedor tras una derrota en cualquier ámbito: en el deporte, el trabajo, la política, el amor, la familia, etc.

O —Are you disappointed with today's result? —Of course we're not happy, but it's an experience we can learn from. In this game, **you win a few** and **you lose a few**. Next question?

ON THE LEVEL

VERDAD O MENTIRA

verdad

(there's) many a true word (spoken in jest)
entre broma y broma, la verdad se asoma

Es una forma de responder a un comentario dicho en broma (*spoken in jest*) que sorprende por verdadero o sabio. La expresión en su forma escrita se conoce desde *Los cuentos de Canterbury* (1390) de Geoffrey Chaucer, el segundo poeta más importante en lengua inglesa, que lo puso en boca de un cocinero. En 1605 Shakespeare la utilizó en *El rey Lear* con su sentido actual.

○ —That's why authoritarian regimes tend not to like stage comedies. **Many a true word is spoken in jest**, and dictators know that. They'd much rather have folk dancing, slapstick and football as entertainment.
—Excuse me; have you put on the TV lately?

(to be) on the level
straight up
en serio

Dos formas de indicar que lo que uno dice es verdad, aunque no lo parezca.

○ No, I didn't get a flight because they were 750 Euros. Yes, 750. **On the level**.

out of the mouths of babes
la verdad de la boca
de los niños

Es lo que se dice cuando un niño pequeño suelta un comentario que no es propio de su edad, pero es cierto. Su origen es bíblico (Salmos 8:2 y Mateo 21:16).

○ —Uncle Pat looks unhappy!
  —Be quiet!
  —No, no, let her be; she's right. **Out of the mouths of babes...** Is there something wrong, Pat? Something you want to tell us?

the real thing
lo auténtico
de verdad

Se utiliza sobre todo en contraste con un ensayo, por ejemplo en un contexto militar, en el teatro, ante un cliente real, etc.

○ Okay, we've been through the presentation three times now; tomorrow we've got **the real thing** in front of 150 potential clients. Go home and get a good night's sleep.

to tell you the truth
truth to tell
a decir verdad
I tell a lie
miento

Las dos primeras son formas de indicar que lo que sigue es muy franco. *I tell a lie* se usa para indicar que uno va a corregirse.

○ —We're running late for the theatre. What time does the play start?
  —Nine o'clock... No, hang on; **I tell a lie**, it's nine thirty.

truth will out
antes se pilla a un mentiroso
que a un cojo

it'll all come out
in the wash
al final todo se arreglará

Dos expresiones que indican que, al final, la verdad acabará saliendo.

○ You may be able to keep this quiet for now, but sooner or later, maybe with a change of governing party, **it'll all come out in the wash**, and I wouldn't want to be in your shoes then.

mentira

don't believe the hype
no te creas todo lo que dicen
eso son habladurías

La palabra *hype* se empezó a utilizar en los años 20 en Estados Unidos para referirse a la costumbre que tenían ciertos vendedores de dar mal el cambio. Hoy se refiere al hecho de desconfiar del bombo que la publicidad y los medios en general dan a algo. Existe en este sentido como verbo también: *to hype something/someone up* (promocionar algo o a alguien a bombo y platillo). A lo mejor te suena esta expresión porque es el título de una canción del grupo de rap *Public Enemy*.

○ —They say this new iPhone is a whole generation ahead of what was on the market before.
—Well, **don't believe** all **the hype**; there are still quite a few problems with it.

(to be) in denial
(about something)
no querer reconocer algo

Expresión muy actual que indica que alguien no está dispuesto a aceptar una realidad.

○ There's a story by Borges in which meets himself as a younger man, and talks to this himself as a man 50 years younger, about the world and how nit has or has not changed. The older Borges tells the younger one that the United States is still an empire **in denial**; it pretends not to be an empire, which allows it to avoid responsibility

to kid/fool
(oneself/someone)
engañarse/engañar a alguien

Expresan la misma idea, pero con *kid*, literalmente «chaval», es más informal que con *fool*, que significa literalmente «tonto».

○ —I think a new government would solve
most of our problems.
—Don't **kid yourself**. They wouldn't
be doing anything very different.

**to pay lip service
(to something)**
decir algo de boquilla

Esta expresión significa apoyar algo en público con palabras bonitas, pero llevar pocas
acciones a la práctica a la hora de la verdad.

○ Our party, if elected, will do much more
than **pay lip service** to solving the
environmental problems affecting
the planet.

to pull someone's leg
tomarle el pelo a alguien

En inglés no se toma el pelo, sino que se tira
de la pierna. Admite por supuesto cualquier
tiempo verbal y cualquier pronombre.

○ —I'm leaving my job three months from
now.
—You're **pulling my leg**. You've only got
five years to go before you retire!
—No, they've offered me a decent retirement
package, and I'm young enough to enjoy it.

**to pull the wool over
your/their eyes**
engañar a alguien
*ponerle a alguien una venda
en los ojos*
dar gato por liebre

El origen de esta expresión lo encontramos
en los tiempos en que era muy habitual llevar gorro de lana. Alguien te podía ofuscar
bajándote el gorro y tapándote los ojos.

○ —I don't know why you seem to believe
everything these people say about themselves
on dating sites. It's the easiest thing in the
world **to pull the wool over** someone's **eyes**
if you're meeting on the Internet.
—And is it very different if you meet
someone somewhere else?

a red herring
pista falsa
estratagema
a smoke screen
cortina de humo

A red herring (literalmente «un arenque rojo») se usa para dejar claro que alguien ha preparado pistas falsas a propósito para despistar. Lo de «arenque rojo» proviene del arenque ahumado (pescado que con el humo se vuelve rojo) que se usaba para despistar a los perros cuando se les adiestraba para la caza. S*moke screen* indica claramente que se está ocultando una información.

○ —Do you think they're right to deport all those gypsies from France?
—That's not the real question. It's a **red herring**; an unpopular government creates a smokescreen to deflect attention from its unpopularity by creating a law and order issue.

I smell a rat
aquí hay gato encerrado

¿A qué huele una rata? Pese a que pocos lo saben, en inglés existe una expresión que lo refleja. No obstante, el significado no podría ser más diferente.

○ So suddenly your daughter can't study at home anymore, and has to go to a friend's house to study for the whole weekend? And this friend happens to live next to the beach? **I smell a rat**.

spin
interpretación favorable
enfoque positivo
spin doctor
asesor de imagen

El término *spin*, literalmente «tejer» o «hacer girar algo», se utiliza en política para describir una mentira, concretamente el hecho de darle a un asunto una interpretación favorable. Un *spin doctor* es alguien que ejerce este noble oficio de manipular la información.

○ The Government's **spin** on declining standards in education doesn't fool anybody. Ask any teacher, ask any parent.

to take something with a pinch of salt
acoger (algo) con reservas
no creerse (algo) a pies juntillas
tomar (algo) con pinzas

Esta expresión viene de la locución latina *cum grano salis* (con un grano de sal). Significa que es recomendable un poco de prudencia y escepticismo cuando nos dan alguna información. Antiguamente, la sal era un antídoto para los venenos, así que si a uno lo amenazaban con envenenarle había que tomarse un grano de sal, por si acaso. En inglés americano también se dice *to take something with a grain of salt*.

○ —Gatsby told me that he was at Cambridge. I wonder what he studied.
—Well, I'd take that with **a pinch of salt** if I were you. He might have been there, but I don't think he was a student there.

tell me another one
pull the other one
¡sí, hombre!
cuéntame una de vaqueros

you're putting me on
me estás tomando el pelo

you're joking
¿estás de broma?
¡venga ya!

Cuatro formas de poner en duda lo que acabamos de oír. En la primera, *one* se refiere a *joke* (broma) y en la segunda a *leg* (véase *to pull someone's leg*).

○ —I've just seen Penelope Cruz having a coffee in the bar round the corner!
—Right, right; with Javier Bardem and Woody Allen. **Pull the other one**!

LONG TIME NO SEE

SALUDOS Y DESPEDIDAS

saludos

gidday
g'day
buenas

Gidday es el saludo informal número uno *down under* (es decir, en Australia y Nueva Zelanda). Es una derivación de *good day*. Para decirlo bien, hay que pronunciar más con la nariz que con la boca.

○ —**Gidday** Neil, how are you going?
—Can't complain, mate; can't complain.

how are you doing?
how are things?
¿qué tal?
¿cómo te va?
¿cómo estás?

Son saludos frecuentes entre amigos en la mayoría de los países de habla inglesa. Son preguntas y requieren una respuesta.

○ —Hi, Cris, **how are things?**
—Not too bad.

how's it going?
¿cómo va?

Esta es una manera informal de saludar o preguntar por el estado de algo o alguien.

○ —**How's it going**, Anita?
—OK. You?

long time no see
¡cuánto tiempo sin verte!

Es una forma sintética, casi «a lo indio», para decir *I haven't seen you for a long time*.

○ Gemma! **Long time no see**.

what's the crack?
¿qué pasa?

Esta expresión siempre acaba saliendo entre irlandeses. Es un saludo informal, pero también sirve para preguntar qué pasa, cómo está el ambiente o qué hay detrás de algo.

○ —Eamon! **What's the crack**, man?
—You're alright, Myles?
—Can't complain.

what's up?
¿qué hay?
¿qué pasa?

Es un saludo frecuente entre amigos jóvenes norteamericanos. Es una pregunta, pero no siempre requiere una respuesta.

○ —Hey man, **what's up?**
—Hey.

despedidas

all the best
¡que te vaya bien!
un abrazo
take care
cuídate
have a good one
have a nice day
que tengas un buen día

Todas son para despedirse de alguien, tanto en directo como por correo electrónico, por ejemplo. La primera viene de *best wishes* y antes se usaba cuando el interlocutor se iba de viaje, se preparaba para un partido, una actuación, una entrevista, un examen o una cita romántica, por ejemplo. Vamos, cosas que pueden salir mal. *Take care* parece tener muy en cuenta que *the world is a dangerous place*, es más informal que las otras y se usa mucho. ¿A qué se refiere *one* en la tercera? Sustituye por ejemplo al día o a unas vacaciones.

○ —See you on Monday, Natasha.
—Yeah, bye now. Doing anything this weekend?
—Yeah, we're going skiing.
—Great. **Have a good one**!
—Yeah, you too.

cheers
adiós
gracias

Es una forma breve y coloquial de decir tanto «gracias» como «adiós». Es muy común entre británicos (no tanto entre británicas curiosamente; aunque el motivo no está claro, quizá prefieran despedirse con una fórmula más larga...).

○ —Okay, **cheers**, Kevin.
—**Cheers**, Andy.

I'll have to love you and leave you
me despido, que me tengo que marchar

Esta es una forma cariñosa de dar por terminada una conversación. Es una expresión muy habitual en el Reino Unido y en países de la Commonwealth, pero no tanto en Estados Unidos. Hay que poner el énfasis en los verbos; si no, queda un poco raro. Admite otros pronombres además de *I*.

○ —Well, it's been a lovely evening, but we'll **have to love you and leave you**.
—Okay, it's been great seeing you again.

I'm out of here
me piro
me largo
I'm off
me voy

Dos formas más de indicar que uno se va, pero más informales, aunque la primera es *polite*. *I'm out of here* es muy directa y viene a decir que prácticamente me he ido ya.

○ —Shit, is that the time? **I'm out of here**.
—Okay, catch you later.

nice meeting you
encantado de haberte conocido

Es una forma educada pero breve de decir *it was nice meeting you*, que viene a significar que, por mi parte, la conversación ha terminado. Se usa tanto para un conocido como para una persona que se acaba de conocer. En la lengua oral se suele omitir *it was*.

○ —**Nice meeting you**, Mr Mishima.
—My pleasure. And please call me Yukio when we meet again.

so long
hasta luego
see you
nos vemos

Dos despedidas informales y comunes en todos los países de habla inglesa.

○ —Don't forget to send me an email as soon as you get to Australia, darling.
—Yeah, **so long**, Mum.

shall we get going?
¿nos vamos?
let's make a move
venga, vámonos
I ought to make a move
debería ir tirando

Tres fórmulas para expresar que nos tenemos que ir. La primera es una pregunta, una indirecta o una sugerencia clara, y requiere una respuesta por parte del interlocutor. *Let's make a move* es parecida, pero no es una forma interrogativa y, por lo tanto, no requiere una respuesta necesariamente. Es más directa, pero bastante *polite* también. *I ought to make a move* es un poco más informal y expresa una decisión que ya se ha tomado. Por supuesto, también puede utilizarse con *we*.

○ —**Shall we get going?** We want to avoid the traffic on the way back if we can.
—I suppose you're right.

we really must get together some time
we really must meet up some time
a ver si quedamos algún día
espero que volvamos a
vernos pronto

Tanto una como otra expresan el deseo de volver a quedar, pero sin fijar una fecha concreta. Ambas son formas educadas pero claras de terminar la conversación y despedirse; más que nada se utilizan para quedar bien. Se usan tanto para hablar con un conocido como con una persona que se acaba de conocer.

O —**We really must get together some time**.
    —Okay, I'll give you a bell next week.

well, I won't keep you
well, I mustn't keep you
no quiero entretenerte

Estas dos frases son dos maneras sutiles de despedirse de alguien y así dar por terminada la conversación.

O —Well, **I won't keep you**; I can see you're busy.
    —Okay, see you again sometime.

DO YOU MIND ?

buenas maneras

be my guest
adelante
estás en tu casa
como si estuvieras en tu casa

Respuesta elegante ante una petición cortés, en la que además se da permiso.

○ —These drawings are yours, aren't they?
    May I have a look at them?
    —**Be my guest**.

to do the honours
hacer los honores

Típica expresión que se utiliza a la hora de servir en la mesa. *Shall I do the honours?* se dice cuando el anfitrión está ausente u ocupado y uno se ofrece para servir la comida. La respuesta siempre debe ser afirmativa.

○ —Shall I **do the honours**?
    —Yes, why not?

do you mind?
would you mind?
¿te molesta?
no le importa, ¿verdad?
¿me permite?

Según el contexto la traducción variará muchísimo, pero ambas sirven para pedir permiso de una forma educada. Un ejemplo: en la película *Cuatro bodas y un funeral*, el siempre educado Hugh Grant acaba de conocer a la que va a ser la mujer de su vida. En el bar del hotel, ella intenta escapar de un pesado y Grant se encuentra con la obligación social de tomar unas copas con él. Ella, a través del camarero, le manda un mensaje para que acuda en seguida a la habitación de matrimonio que ellos supuestamente tienen. Hugh Grant se excusa con el pesado con un elegante pero efectivo *do you mind?*

○ —**Do you mind?**
—No, not at all. Go ahead.

don't mind me
no se moleste(n) por mí
no me haga(n) caso
yo, como si no estuviera

Esta expresión tan educada se utiliza para informar a los demás de que sigan haciendo lo que hacían porque uno no quiere molestar o interferir.

○ —Sorry, I didn't see you there.
—Oh, **don't mind me**.

don't stand on ceremony
dejarse de ceremonias
dejar las formalidades a un lado

Frase curiosamente formal que se usa para invitar a las visitas a hacer caso omiso al protocolo. Se responde diciendo *thank you*, o directamente haciendo lo que a uno le plazca (empezar a comer, a beber, sentarse...).

○ —Please sit down; **don't stand on ceremony**.
—Oh, thank you.

feel free (to...)
no dudar (en hacer algo)
no cortarse (a la hora de hacer algo)
(hacer algo) con total libertad

Se usa por ejemplo para animar a las visitas a hacer algo, como tirarse a la piscina, dar una vuelta por la casa, ponerse cómodos, etc. Se pone el énfasis en *free*.

○ While you're here, please **feel free** to use all the hotel's facilities.

help yourself
serve yourself
sírvete tú mismo

Frases estándar del anfitrión para que los invitados sepan que pueden servirse la comida que quieran.

○ —Oh, all this food looks lovely!
  —Please **help yourself**.

how nice!
¡qué bonito!

Frase de lo más útil para salir del paso cuando uno se queda pensando en algo mejor que decir. Existen versiones más azucaradas, como *how sweet*.

○ —And this is the herb garden...
  —**How nice!**

I appreciate that
te lo agradezco mucho
that means a lot to me
significa mucho para mí

Dos formas educadas de dar las gracias a alguien por algo que ha hecho. La segunda expresa un mayor grado de agradecimiento.

○ —I wrote to the Immigration Authority to give them a testimonial about your daughter.
  —Thank you; **that means a lot to me**.

I'd rather not, if you don't mind
mejor no, si no te importa

Frase *polite* para declinar algo, ya sea una invitación, otra copa...

○ —More vodka?
  —**I'd rather not, if you don't mind**.

I don't mind if I do
that's very kind of you
muy amable (por tu parte)

Dos maneras de quedar bien aceptando lo que se ha ofrecido.

○ —More vodka?
  —**I don't mind if I do**.

I hate to bother you
siento mucho molestar
no quiero interrumpir

Expresión muy cortés que se utiliza cuando tenemos que interrumpir algo o a alguien. Normalmente va seguida de *but* y del motivo de la interrupción.

○ Excuse me, **I hate to bother you**, but I think your car is blocking the exit.

ladies first
las mujeres primero

Clásica frase que expresa galantería.

○ —**Ladies first**.
—Thank you very much; I didn't know that gentlemen still existed.

need a hand?
¿te echo una mano?
¿necesitas ayuda?

Frase concisa para ofrecer tu ayuda, casi calcada en español.

○ —**Need a hand?**
—Thanks, I wouldn't mind actually. Can you...?

sorry
excuse me
perdón

Sorry seems to be the hardest word, decía la letra de una canción de Elton John, pero por lo menos en Gran Bretaña es la palabra más frecuente. Se usa para atraer la atención de alguien, plantear una pregunta, empezar una conversación, pedir que alguien se quite del medio, incluso para pedir perdón. Para variar, se puede emplear *Excuse me*.

○ —**Sorry**, do you know the way to San José?
—Hey, are you English?

to take it in turns
turnarse (para hacer algo)
first come, first served
por (riguroso) orden de llegada

First come, first served es una expresión útil si alguien intenta colarse (pecado mortal en Gran Bretaña), para dejar claro que los que llegaron primero deben ser atendidos antes.

○ —Look, there are only seats for four people and there are six of us.
—Well let's **take it in turns**, shall we?

will that do?
¿te parece bien?
¿va bien así?
it'll do
that'll do
así está bien
(me) vale

Este es un uso especial de *do* con el sentido de «ser suficiente», «servir», «bastar». *That'll do* en tono irritado también expresa algo tipo «¡basta ya!».

○ —**Will that do?**
—That'll do fine; thanks a lot. See you next week.

mala educación

to answer (someone) back
(to be) lippy
to give someone lip
contestar de mala manera
ser (un/muy) respondón
ser (un/muy) descarado

Se usan en relaciones jerárquicas, como entre padre e hijo o profesor y alumno, muchas veces en imperativo negativo (es decir, anteponiendo *don't*).

○ Did you notice the way her kids **answer** her **back**, in front of everyone?

to butt in
interrumpir
meter cucharada
meterse

Interrumpir a lo bestia, al menos desde el punto de vista del que usa esta expresión. Se puede ser igual de brusco pero algo más educado diciendo *May I just butt in here?* o *Sorry to butt in, but...*

○ Every time the Minister tried to answer
a question, the journalist **butted in** with
a new one.

close to home
close to the bone
demasiado personal
subido de tono
pasarse de la raya

Estas dos expresiones se usan cuando alguien ha hecho un comentario fuerte que,
aunque sea cierto, puede sentar mal. *Close
to the bone* también sirve para describir una
broma que roza los límites de lo aceptable. Se
pueden matizar añadiendo antes *too* o *a bit*.
También se dice *near to the bone*.

○ That comment you made about relationships
was a bit **close to the bone**. I wish you
wouldn't say things like that when we're
in company.

to hog something
to hog someone
acaparar
monopolizar

Se emplea cuando una o varias personas
quieren tener acceso a algo o a alguien, pero
una persona lo está monopolizando.

○ Hey, **don't hog** the stereo! Let someone
else choose the music from time to time!

to jump the queue
saltarse la cola
colarse

¡Atención! Colarse está muy mal visto en
Gran Bretaña. Esta expresión se usa a menudo en imperativo negativo: *don't jump the
queue*. En Estados Unidos se dice *jump the
line*.

○ —Excuse me! I think you've just **jumped
the queue**!
—Sorry, I didn't realise...

COME AGAIN ?

(to be) a blast from the past
¡cuánto tiempo!
ha llovido mucho
¡menudo recuerdo!

Blast significa «explosión» o «ráfaga de viento», aunque aquí se refiere a algo contundente que sorprende debido a su asociación con un pasado a menudo bastante lejano.

○ ... so that was the latest single by Amy Whitehouse, and now a **blast from the past**; here's The Archies with *Sugar, sugar.* For all you oldies out there; does this take you back to 1969?

a turn-up for the book
menuda sorpresa
eso sí que no lo esperaba

Algo totalmente inesperado, una gran sorpresa, que puede ser agradable o no.

○ —So in the first round, both France and Italy have been eliminated!
—Yes, that really is **a turn-up for the book**; a lot of people thought those two teams could be contenders for the final.

are you for real?
¿va en serio?
¿me tomas el pelo?

Expresión informal de sospecha de alguien por algo incomprensible o insólito que acaba de decir.

○ —I decided to come here and help you people in the Bronx, so here I am. What do you need?
—**Are you for real?**

come again?
¿que qué?

Forma informal de expresar que uno no está dando crédito a lo que oye.

○ —I've decided to take a sabbatical year, rent my house out and go work as a volunteer on a project in Namibia. I thought you might like to come too.
—**Come again?**

come off it!
¡venga!
¡no digas tonterías!

Forma informal de expresar escepticismo e incredulidad, sobre todo si uno sospecha que el otro trata de engañarle.

○ —I think you're the most fascinating woman I've ever met.
—Me? **Come off it!**

come on!
¡venga ya!

Expresión informal de incredulidad.

○ —I've joined a yoga class.
—You? **Come on!**

fancy that!
¡mira por dónde!

Una frase que manifiesta sorpresa ante lo que ha deparado la suerte. La sorpresa puede ser grata o no. Por supuesto también se puede usar en tono irónico. (Véase *well, I never!*)

○ —And she asked him to marry her, did you hear?
—**Fancy that!**

no kidding?
¿no me digas?
¿en serio?

Su origen es norteamericano, pero hoy en día se usa en todos los países de habla inglesa.

○ —There was a spot of trouble here last night.
—**No kidding?**

no shit?*
¿no me digas?
¿me lo dices o me lo cuentas?

En inglés norteamericano, se utiliza en plan irónico cuando alguien dice una obviedad.

O —Look at all this food ready! They must have been expecting guests.
—**No shit?**

no wonder
¡no me extraña!

Expresa una sorpresa a medias, porque *no wonder* es lo que se dice cuando uno se entera de algo que explica lo que no se explicaba antes. Por tanto, se dice en tono de «¡ah, ahora lo entiendo todo!».

O —Have you heard that Antonia's husband has just left her?
—Really? **No wonder** she wasn't especially communicative today.

really?
¿en serio?

Una manera suave de cuestionar algo.

O —Sorry, you're not allowed in there.
—**Really?**

says who?
¿quién lo dice?

Para cuestionar algo, de forma más agresiva.

O —Sorry, you're not allowed in there.
—**Says who?**

well, I never!
¡no me digas!
¡no me lo puedo creer!
¡pues vaya!

Expresión de sorpresa contenida después de escuchar algo insólito. Posiblemente es un fósil de *I never had heard anything like that until now*, o *I never thought I'd hear that*, etc.

O —Why are you late?
—There was a bomb alert on the metro.
—**Well, I never!**

what's it to you?
¿y a ti qué mas te da?
¿y a ti qué te importa?

Expresión agresiva y cuestiona por qué el interlocutor quiere saber algo.

○ —Do you know a guy who goes by the
name of Tito?
—**What's it to you?**

what's the big deal?
¿pasa algo?
¿cuál es el problema?

Forma agresiva de preguntar «qué sucede», es típica de las películas de gánsteres.

○ —You ought to leave town for a few days.
—**What's the big deal?**

who would've thought (it)?
¿quién lo hubiera dicho?
¿quién lo iba a decir?

Expresión muy parecida a *fancy that!*

○ —Did you hear that they've made Eduardo
the new managing director?
—Really? **Who would've thought it?**

you must be joking
¿estás de broma?
¡no lo dices en serio!
¡venga ya!

Expresa incredulidad, grata o no.

○ —Hey! Italy, the world champions,
have just drawn 1-1 with New Zealand
in the World Cup!
—**You must be joking**.

you don't say!
¿no me digas?
is that for real?
¿en serio?
are you winding me up?
¿me tomas el pelo?

La primera es una forma escueta e irónica de encajar algo que no se sabía; se usa en Estados Unidos. En el inglés de ambos lados del Atlántico se usa también *is that for real?* En cambio *are you winding me up?* es más británica.

○ —I think Carmen is quite interested in you,
you know.
—Carmen? **Are you winding me up?**

by the way
by the by
por cierto

Forma elegante de decir algo que no parece fundamental pero sí relevante. En internet y en mensajes SMS se escribe *BTW*.

○ Oh, **by the way,** I thought I should mention it that Sara has broken up with her boyfriend, so be careful what you say to her.

first things first
vamos por partes
lo primero es lo primero

Las cosas más importantes deben considerarse antes de las que no lo son tanto.

○ —When are we going to get one of these new wide-screen TVs?
—What we really need is a new sofa. And a dining table. Look at the state of this!
—Hang on. **First things first**. How much money have we got available for this?

guess what?
¿sabes qué?
¿a que no sabes...?
guess who?
¿adivina quién?

En un discurso informal, es una manera de formular una pregunta retórica que uno mismo va a contestar al momento.

○ —Apparently, Montse applied to the university to get an extension for her grant so that she could complete her research into climate change, and **guess what?** She was unable to get one.
—How weird.

let me put it this way
en otras palabras
dicho de otra manera
(te) lo voy a plantear

Usamos esta expresión cuando vamos a reformular con otras palabras algo que ya hemos dicho. Suele ir seguida de dos puntos.

○ Okay, let **me put it this way**: if you replace that broken part instead of buying a new machine, it will be more expensive for you in the long term.

WHERE WAS I?

anyway
bueno
en fin

Una palabra muy frecuente para recond[ucir] la conversación; en ese sentido, significa [«a] pesar de lo que se acaba de decir». Se u[sa] más en el inglés oral que en el escrito y s[e] inserta sobre todo al inicio de una interven[-]ción. Se puede aplicar en muchos otros con-textos con diferentes significados.

○ —... and that's why I don't think that particular idea will work, not in a month of Sundays.
—**Anyway**, I think we all agree on the main points, don't we?

as I was saying
como iba diciendo

Una expresión muy útil para retomar el hilo de la conversación, en particular después de una interrupción; por eso se usa más en el in-glés hablado. Hay una versión bastante más contundente que dice así: *As I was saying, be-fore I was so rudely interrupted...*

○ —You're only 16 years old, and it is not acceptable for you to arrive home at seven o'clock on Sunday morning.
—But I wasn't doing anything! I was just with my friends, that's all.
—**As I was saying**, you're 16, and from now on if you go out on Friday or Saturday night, you will be home by 2 a.m. Do I make myself clear?

like I said
como ya he dicho

Es similar a *as I was saying,* pero sirve para repetir o insistir en una opinión que ya hemos expresado antes.

○ —... and the Prado opens at 9.00, and there are really long queues if you don't get there early.
—It says here in the guide book that it's one of the most popular art museums in the world.
—**Like I said**, if you want to avoid the queues, you have to get there really early.

to move on
avanzar
seguir
cambiar de tercio
superar una situación difícil

Se emplea para cambiar de tercio en una conversación o dar carpetazo a un asunto (como una mala relación que dejas atrás).

○ —... and that's why I think we need more time.
—Okay, **let's move on**; I think we all know where we stand on that question.

presumably
me imagino
supongo que

Forma sofisticada de decir «supongo».

○ —**Presumably**, you'll be giving your daughter away yourself at the wedding.
—Naturally, vicar. She's my daughter. Why do you ask?

go on
sigue
¡anda ya!
¡venga ya!

Se utiliza para animar a alguien para que siga hablando o haciendo lo que estuviera haciendo. Según la entonación, también puede expresar escepticismo, en este sentido correspondería a la segunda y a la tercera traducción.

○ —Oh, I'm probably boring you, telling you about all this stuff.
—No! **Go on, go on**, please.

what I mean is
me refiero a que
lo que quiero decir es

Esta expresión es la que se utiliza con más frecuencia para reformular lo dicho anteriormente.

○ —What exactly are you trying to tell me?
—**What I mean is**, I don't think I'm going to come. Something has happened.

what was I saying?
¿por dónde iba?

Esta expresión es muy útil cuando se nos va el santo al cielo y no recordamos lo que estábamos diciendo. También es una manera sutil de averiguar si nuestro interlocutor nos está escuchando o no.

○ —err... **What was I saying?**
—Something about a Chemistry exam.

what was that again?
¿qué has dicho?
¿lo puedes repetir?

Esta frase es útil cuando alguien dice algo justo cuando pasa un tren de mercancías, o cuando se ha dicho algo tan raro que uno no sabe si ha oído bien.

○ —I've got something to tell you... You're going to be a father in seven months.
—**What was that again?**

where was I?
¿por dónde iba?
¿dónde nos habíamos quedado?

Esta otra expresión se puede aplicar a una acción que ha quedado interrumpida, cuando hemos perdido el hilo de lo que estábamos diciendo.

○ —Yes, of course... **Where was I?**
—You were telling me how to make the salad.

BARKING UP THE WRONG TREE

ACUERDOS Y DESACUERDOS

acuerdos, aciertos

absolutely!
¡desde luego!

He aquí un falso amigo. No significa «en absoluto» sino más bien todo lo contrario. Es una forma enfática de mostrar que se está de acuerdo con otra persona.

○ —Would you agree to the government giving 0.7% of GDP as foreign aid to developing countries?
—**Absolutely!**

bingo!
¡bingo!

En inglés, como en español, se grita *Bingo!* en el juego del mismo nombre cuando se ha completado un cartón. Como interjección se utiliza al acertar o solucionar algo; a veces, en tono irónico, se dice *Bingo!* cuando alguien poco despierto finalmente se da cuenta de algo bastante obvio. En americano se dice *Hello?* y *Duh!* con este mismo sentido.

○ —I see; you'd like me to introduce you to Nuria?
—**Bingo!**

I can live with that
I can work with that
that works for me
por mí, de acuerdo
a mí me parece bien

Tres frases que expresan aceptación y acuerdo. Se usan también para formular preguntas y para negociar. Se pueden conjugar en primera persona del plural.

○ —So maybe we could start the classes
   half an hour later to give you enough time
   for lunch. Silvia?
   —That works for me.
   —Jean-Claude?
   —Oh, **I can live with that**.

(you) can't go wrong
acertarás seguro
no te vas a equivocar

Se utiliza para expresar que puedes confiar en algo con los ojos cerrados. Es una expresión coloquial muy utilizada.

○ —What wine shall we have with this?
   —An Australian Shiraz, I think; **you can't
   go wrong** with an Aussie Shiraz.

cool
vale
está bien
guay
no worries
sí, tranqui
she'll be right
no hay problema

Tres expresiones informales con más o menos el mismo significado. *Cool* se usa mucho en Estados Unidos. *No worries* es típicamente australiana aunque se ha internacionalizado. *She'll be right* es más habitual en Australia y Nueva Zelanda (*she* aquí no indica género).

○ —So everything's set for tomorrow? I'll pick
   you up at 7.30 on the dot, right?
   —**No worries**.

count me in
cuenta conmigo
me apunto
count me out
conmigo no cuentes
yo paso*

Expresión clara y concisa que sirve para indicar si pueden contar con uno o no. La forma interrogativa es *can we count on you?*

○ —Are you with us on this?
   —Oh, yes. **Count me in**!

(to be) dead right
damn right*
por supuesto que sí
tener toda la razón
estar en lo cierto
¡y tanto!

Aquí *dead* se usa para enfatizar y equivale a «totalmente». Lo contrario es *dead wrong* (completamente equivocado). En Estados Unidos es más habitual *damn right*, aunque resulta un poco más vulgar que *dead right*.

○ —Are you staying for drinks?
　—You're **dead right** I am.

to have no
problem with that
no tener inconveniente
(I) can't argue with that
no tener nada que añadir
ser indiscutible

Dos formas de expresar que no tenemos problema alguno con lo que el interlocutor acaba de decir (en la primera) o simplemente que es un argumento tan obvio o coherente que resulta inapelable (en la segunda). Hay una variante de la primera expresión que sustituye *problems* por *issues*, «argumentos», *to have no issues with that*.

○ —The question here is simply one of distribution or resources, not of lack of resources.
　—**I can't argue with that**.

to hit the nail on
the head
dar en el clavo

Una expresión que conserva más o menos la misma metáfora que en español.

○ —I imagine, given the kitchen space available, that the difficulty here is the catering logistics.
　—You've **hit the nail on the head**.

I'll say!
claro que sí
de acuerdo
¡desde luego!

Es una forma menos común de expresar lo mismo que *absolutely*.

○ —We're going dancing later. Would you like to join us?
　—**I'll say!**

(that's) just what the doctor ordered
justo lo que necesitaba
como caído del cielo
que ni pintado
de perlas

Esta frase no se utiliza en un contexto médico, sino por ejemplo cuando alguien aparece con comida o bebida (sobre todo bebida) cuando hay hambre o sed. En general, sin embargo, se aplica a cualquier cosa que viene que ni pintada.

○ —Would anyone like some cheese and wine?
—Ah, **just what the doctor ordered**!

message understood
mensaje recibido
vale, lo he captado

Se utiliza cuando se ha captado el mensaje o para aceptar una reprimenda.

○ —I hope this doesn't happen again.
—**Message understood**.

nice one!
¡genial!
¡qué bien!
good one!
¡sí, señor!!

Dos expresiones comunes en Gran Bretaña, Australia y Nueva Zelanda para responder de forma informal y amistosa a un pequeño gesto agradable que alguien nos acaba de hacer. (Véase también *cheers*.)

○ —Hang on; let me give you a hand with that.
—**Nice one**.

to sing from the same hymn sheet
ir todos a una

Frase informal y muy actual que indica que uno tiene un punto de vista o una opinión en la misma línea que los demás.

○ —Well, are we **singing from the same hymn sheet**?
—Oh, yes.

(it/that) sounds good to me
de acuerdo
me parece bien

Frase informal y amistosa para mostrarse de acuerdo con una sugerencia o propuesta.

O —What about meeting up tomorrow
afternoon at three to discuss our ideas?
—**Sounds good to me**.

spot on
acertar
dar en el clavo

Se usa como exclamación cuando se acierta o se descubre algo. Se puede anteponer *That's* o *That was* para subrayar la emoción del momento.

O —Is it something I did?
—No.
—Is it something I said?
—No!
—Is it something I didn't do?
—**Spot on**!

(that) suits me
(that) suits me down
to the ground
a mí me viene bien

Estas dos variantes de la misma expresión indican que la sugerencia o propuesta que acaba de hacerse le viene a uno de perlas. La segunda es más expresiva.

O —What if we have the barbecue
on Saturday instead of Sunday?
—**Suits us**.

you're telling me!
¡dímelo a mí!

Sirve para indicar, en plan irónico, que estamos de acuerdo cuando alguien acaba de decir una cosa muy obvia. Es una versión parecida, pero más *light* de *no kidding?* y mucho más que *no shit?* Se pone el énfasis en *me*.

O —I think we need to get a few things clear
between us.
—**You're telling me**!

you've got a point (there)
tienes razón
pues es verdad

point taken
de acuerdo
también es verdad

Dos expresiones para conceder que el inter-locutor acaba de decir algo sensato, algo que no se había tenido en cuenta antes.

○ —The database that they sent us was out of date; that's why there was a mistake on the first day.
—True, but you said you'd check it the day before, didn't you? And you forgot.
—Oh, **point taken**.

to put one's finger on something
dar con el quid de la cuestión
dar en el clavo

Es una expresión similar a *to hit the nail*. Sig-nifica que se ha dado con el quid de la cues-tión (en inglés *the crux of the matter*).

○ —Surely the problem here is that there's not enough coordination between the two departments.
—I think you've **put your finger on it**.

desacuerdos, desaciertos

barking up the wrong tree
¡vas fino!
lo llevas claro
errar el tiro

Pensemos en un perro ladrando (*barking*) debajo de un árbol porque cree que allí se ha escondido un pájaro, pero resulta que se ha equivocado de árbol. Se usa siempre en *continuous*.

○ —We need to find why the product isn't selling, so I think we should look at the question of pricing.
—I think we're **barking up the wrong tree**; it's the product concept that's the issue, not the pricing.

I beg to differ
siento discrepar
lamento estar en desacuerdo

Todo el mundo conoce el adjetivo *different*, pero el verbo es más desconocido. Es una forma concisa, culta e incluso divertida de expresar discrepancia. Nada que ver con el significado literal de *beg* (mendigar). Casi siempre se usa en presente.

○ —So it appears that the problem here is the way the merchandise was handled in transit.
—**I beg to differ**. I think the problem is in our packaging.

do me a favour!
¡venga ya!

Expresión que hay que pronunciar con un punto de rabia (o ironía, al menos) cuando alguien acaba de decir una cosa muy tonta o inaceptable. Es informal y agresiva.

○ —So will we be accepting the 5% pay cut?
—**Do me a favour!**

I wouldn't know about that
yo no estaría tan seguro

Antiguamente se utilizaba en sentido literal (no me preguntes porque no lo sé), pero hoy en día sirve para expresar un alto grado de escepticismo ante lo que se acaba de decir.

○ —I hear that your ex has got a new partner.
—**I wouldn't know about that**; she would've told me.
—Right.

it's/that's not on
eso no se hace
no hay derecho

Expresión muy actual, directa e informal que se utiliza para dar a entender que una sugerencia o situación es inaceptable.

○ —So in the economic circumstances, we must ask you to take a 5% cut in salary.
—No, **that's not on**.

to knock something on the head
dar al traste con algo
echar algo por tierra

Esta expresión se usa mucho en el trabajo, para descartar totalmente una idea, un proyecto... El golpe (*knock*) en la cabeza, por lo tanto, debe ser mortal. Es informal, pero no ofensiva. También se puede decir *to knock it on the head* o bien *to knock that on the head*.

O —What if we ask the client to extend
the deadline by 48 hours?
—Let's **knock that one on the head**
right now. That is not an option.

leave it out
déjalo

Frase moderna y muy directa, incluso puede resultar agresiva según como se pronuncie. Se utiliza para dar a entender que un comentario o sugerencia nos resulta totalmente inaceptable. También se usa, generalmente en inglés británico, para decir de forma muy directa «no lo hagas».

O —I think we should go there and confront
them about it.
—**Leave it out**, John!

let's not go there!
no hablemos de eso
dejemos ese tema a un lado
no vayas por ahí

Frase muy moderna e informal para indicar que conviene evitar el tema de conversación que se está a punto de abordar. También se utiliza para señalar que, por el motivo que sea, no queremos oír lo que alguien está a punto de decir.

O —... and apparently something went terribly
wrong on their honeymoon. Someone told me
that...
—**Let's not go there.**

no way!
no way, José!
¡de ninguna manera!
¡ni hablar del peluquín!
¡nanay!

Esta expresión enfática e informal, que se utiliza incluso cuando el interlocutor no se llama José, sirve para indicar que no se está en absoluto de acuerdo con algo. Lo que sí es importante es hacer rimar *way* con José si optamos por la segunda expresión.

○ 1) —Maybe you could contribute 50% to the costs of taking Mum to Madeira for her birthday.
—**No way!** There are three of us, not two!

2) —This guy I met at the party. He took me to his car, and he wanted to have sex here and then, without a condom.
—Without a condom? But you'd only just met him! Well?
—I told him **no way José!**
—Good for you! So that was it?
—Not really... I always carry some in my bag.

not in a month
of Sundays
ni por asomo
ni por casualidad

Antiguamente, los domingos se hacían eternos. Los pubs abrían solamente unas horas, las tiendas echaban la persiana y muchos espectáculos públicos se prohibían, por lo menos en Gran Bretaña y Estados Unidos. Un mes de domingos, uno detrás de otro, sería algo así como una cadena perpetua, y en sentido figurado una forma de decir «jamás». Siempre con el *not* delante.

○ —So if they offer you the post of regional coordinator, will you take it?
—**Not in a month of Sundays**.

not on your life
not on your nelly
ni hablar

Dos versiones de la misma expresión *slang*. La primera es internacional. La segunda es únicamente británica, tiene detrás una larga explicación acerca de su origen, relacionado con la forma de cambiar las palabras en *cockney* (dialecto popular londinense), pero que de forma muy indirecta también significa *life*. Es más callejera, aunque no ofensiva. Es muy posible que los nietos de Isabel II lo digan, aunque no delante de su abuela.

○ —Would you ever go back to live in Westport?
   —**Not on your life**!

right, right
ya, ya...

Con estas palabras, parece que uno está de acuerdo, pero es una ironía pues no se comulga en absoluto con lo que está escuchando. Muchas veces se acompaña de una sonrisa. Se utiliza en inglés británico.

○ —Lucy and Nacho have written a personal mantra for success in their relationship. I think we should compose one too, darling.
   —**Right, right**.

that won't/doesn't work for me
I can't/couldn't live with that
no estoy de acuerdo
no me parece bien

Dos frases modernas, claras y diplomáticas para expresar que algo nos parece inaceptable. Por supuesto, estas mismas expresiones pueden formularse como preguntas o afirmaciones.

○ —How about putting some of the staff on part-time contracts?
   —No, sorry; **couldn't live with that**.

con reservas

fair point
fair enough
bueno, está bien
bueno, vale

No es lo que yo pienso (o pensaba hasta ahora), pero te entiendo y acepto la validez, verdad o coherencia de lo que me dices.

○ —And so if we do what you ask, you see that you'll be duplicating the work for the admin staff.
—**Fair enough**. Let's see if we can find another way.

I hear you
ya, ya

Se usa cuando entendemos lo que nos dicen pero no estamos de acuerdo (por eso la expresión suele ir seguida de *but*).

○ **I hear you, I hear you**, but I don't think you're seeing the bigger picture.

to sleep on something
consultar algo
con la almohada
to put one's thinking cap
meditar algo

Dos maneras de no decir ni sí ni no. La segunda es más informal, y significa literalmente que uno se pone «la gorra de pensar».

○ —Do you think we can reach a decision today?
—No, I don't, actually. Let's **sleep on it**, shall we?
—Sounds okay to me.

true
ya
ya veo

Está entre *fair enough* y *I hear you*. Se dice lentamente, a menudo con un suspiro.

○ —... and so if we do what you ask, you see that you'll be duplicating the work for the staff.
—**True**. Hmmm...

THERE YOU GO

PERSUASIÓN, CONFIRMACIÓN, INDECISIÓN

persuasión

to get one's head around something
to come to terms with something
hacerse a la idea
irse acostumbrando

Dos maneras de expresar que aceptamos algo que en principio no nos gustaba, pero que ya nos hemos hecho a la idea.

○ I know it's not ideal, but I'm afraid we're all going to have to **get our heads around** it.

to come round (to something)
dejarse convencer
adoptar una opinión
dar el brazo a torcer

Con esta expresión se indica que poco a poco hemos llegado a aceptar una sugerencia, propuesta o situación que al principio no nos convencía. En americano es *around*.

○ It wasn't what I wanted but in the end **I came round to** the idea.

come to your senses
entra en razón

Otra forma imperativa, muy directa y enérgica, de aconsejar a alguien que vea las cosas tal como son.

○ He's never going to change. **Come to your senses**!

if you say so
si tú lo dices

Con esta frase uno está realizando una concesión en una discusión o bien mantiene una postura discreta de escepticismo.

○ —Believe me, it's not an ideal solution, but this really is in the best interests of the economy.
—**If you say so**.

there you go
¿lo ves?

Expresión que reivindica algo que ya había dicho antes. También lo utilizan los vendedores en las tiendas, con el sentido de «toma» o «aquí tienes».

○ —Oh, they liked it!
—**There you go**!

to talk someone into something
convencer
engatusar

to bring someone round
convencer a alguien para hacer algo

Aunque no hay mucha diferencia, en la primera expresión alguien consigue que otra persona acceda a hacer algo en contra de su voluntad, mientras que en la segunda esa persona se deja convencer.

○ 1)—You **talked me into marrying** you!
—That's not fair!

2) One of those bloody encyclopedia salesmen **talked my mother into buying** a whole set of encyclopedias, apparently worth £2000 for only £1500, and you know she never reads anything.

confirmación

do you get me?
(do you) get what I'm saying?
(do you) get my point?
(do you) know what
I mean?
¿me explico?
¿me entiendes?
¿entiendes a qué me refiero?

Cuatro formas de preguntar a nuestro interlocutor si entiende lo que le estamos diciendo. Son todas muy directas e informales, sobre todo las dos primeras, pero en ningún caso se pueden considerar agresivas.

○ You need to completely change the way you brush your teeth, because you're doing them more damage than you could possibly realise. **Get what I'm saying?**

does that work for you?
do we have
an understanding?
¿te parece bien?
¿estamos de acuerdo?

Dos expresiones que sirven para averiguar si el interlocutor acepta o no la sugerencia o propuesta que acabamos de realizar.

○ —From now on, we need to work in coordination rather than each of us doing our own thing. **Do we have an understanding?**
—Of course.

indecisión

to sit on the fence
mirar los toros desde
la barrera
no tomar partido
no pronunciarse

Esta expresión significa que no se toma partido en una situación determinada y, según el contexto, puede conllevar también indecisión. En este segundo sentido podría traducirse como «nadar entre dos aguas».

○ —This is an important moral issue; are you just going to **sit on the fence**?
—Until I've made up my mind, yes.

IF I WERE YOU

CONSEJOS

dar y pedir consejo

don't get me wrong
no te lo tomes a mal
no te enfades
I hate to say this
siento tener que decirlo

Son dos maneras educadas de darle a alguien un consejo que no va a ser de su agrado, o simplemente para darle malas noticias. Las dos van seguidas de un *but* y una explicación.

○ **Don't get me wrong**, but you need to count to ten before you speak sometimes.

to get a second opinion
consultar con otro especialista
obtener una segunda opinión

Se suele utilizar cuando a uno no le convence el diagnóstico de un médico o le hacen un presupuesto altísimo para reparar un electrodoméstico, por ejemplo.

○ Hmmmm... €1,200 plus sales tax?
I'd **get a second opinion** if I were you.

if I were you
If I were in your shoes
yo que tú
(si estuviera) en tu lugar

Se utiliza mucho para dar consejos, tanto al inicio como al final de la frase (como en el ejemplo anterior), para ponerse en el lugar del otro. La frase se construiría así: *If I were you, I would...* + infinitivo, o bien *I* + verbo en condicional + *if I were you*.

○ **If I were you**, I'd start improving my foreign language skills right now.

I've been meaning to talk to you...
hace tiempo que quería hablar contigo...

Esta es una expresión idiomática para introducir la frase en la que normalmente vamos a dar un consejo. Indica que uno lleva tiempo sopesando lo que va a decir.

○ Ah, there you are Maria. **I've been meaning to talk to you** about your part in the group project. Have you got five minutes now?

let me give you some (free) advice
let me give you a piece of advice
permíteme (que te dé) un consejo
¿puedo darte un consejo?

Estas dos versiones de la misma expresión introducen de forma clara y directa un consejo. Nótese que *advice* en inglés, a diferencia del español, no es contable; por eso necesita añadir *some* o *a piece of*.

○ **Let me give you a piece of advice**: if you shout like that at somebody, people will remember it and hold it against you, even if you were right.

to run something past/ by someone
consultar (algo a alguien)
pedir el visto bueno

Una forma de solicitar la opinión de alguien sobre algo. También sirve para que ese alguien dé luz verde a algo, con lo cual esa persona asumiría las responsabilidades en caso de que algo saliera mal.

○ Is it okay if I just **run something past** you? What would you say if...?

to not take no for an answer
no aceptar un no por respuesta
to not settle for less
no contentarse con menos

Dos formas directas y enérgicas para expresar que alguien sigue firme en sus reivindicaciones. Se utiliza en disputas domésticas, laborales, etc.

○ Tell them you demand equal rights and equal pay, and don't **take no for an answer**.

reacciones ante un consejo

easy for you to say that
para ti es fácil decirlo

Reacción de exasperación.

○ —You need to lose some weight, you know.
—**Easy for you to say that**; you've got
time to go to a gym.

I'm glad...
me alegro de que...

Expresa satisfacción; es sinónimo de *happy*.

○ —Did you hear that Marta's getting married?
—Really! **I'm glad** she's happy at last.
—Well, I said she was getting
married, not that she was happy.

it's a good job (that)...
menos mal que...

Expresión de alivio al quitarse un peso de
encima.

○ **It's a good job** we had air-conditioning
installed before the start of summer.

it's a pity...
es una lástima que...

Indica decepción. *Pity* (piedad) es sinónimo
de pena. Es lo contrario de *I'm glad*.

○ **It's a pity** you weren't able to stay
longer, but it was good to see you,
all the same.

spare me the details
no me cuentes tu vida
ahórrame los detalles
al grano

Es una manera directa y enérgica de librarse
de una explicaciones fastidiosas. Por eso se
suele utilizar en imperativo.

○ —I can tell you exactly what she said
about you.
—No, please. **Spare me the details**.

I TELL YOU WHAT

proponer

PROPUESTAS, SUGERENCIAS

how about...?
what about...?
¿qué te parece si...?
¿y si...?
how does that sound?
¿qué te parece?

Preguntas accesibles para hacer sugerencias o contraofertas. Las dos primeras son idénticas y si detrás va un verbo se construye en gerundio (en *-ing*, vamos). La ventaja de *how does that sound?* es que tiene un significado muy abierto.

○ —**How about** coming back to this point after lunch?
—Good idea.

I tell you what
se me ocurre una idea
a ver, mira

Expresión espontánea (o al menos lo parece) para lanzar una nueva oferta. Se pone el énfasis en *tell* y *what*, pero es imprescindible hacer una pausa dramática entre *what* y la nueva idea.

○ **I tell you what**, why don't we both write down what we think are the three most important things in this relationship?

(I'm) just thinking out aloud
estoy pensando en voz alta, ¿eh?

Implica que no hay que tomarse demasiado en serio lo que estamos diciendo, ya que estamos simplemente verbalizando pensamientos creativos y quizá poco recomendables.

○ **I'm just thinking out aloud** here, but what if we offer our client a 5% discount if they commit themselves to...

I've been doing some thinking
he estado pensando

Esta expresión indica que uno es flexible, capaz de reflexionar e incluso de sacrificar algo para llegar a un acuerdo.

○ Since the last time we spoke **I've been doing some thinking**. What if I agree to work on Saturday out of every four, in return for...

I was wondering
me preguntaba si...
y digo yo...

Una forma elegante de introducir una sugerencia o una réplica. Se pone el énfasis en *wondering*, y también hay que hacer una pausa justo después.

○ —**I was wondering**, would you like to come to the theatre with me on Friday evening?
—I'd love to.

what if...?
¿y si...?
¿qué tal si...?

Expresión frecuente y útil para lanzar una hipótesis o una sugerencia. Puede ir seguida de un verbo en *present simple* o en *past simple* (*what if* + pronombre + verbo).

○ —**What if** we say you can start work the day after tomorrow?
—That would be brilliant!
—Welcome to the team!

what would you say if...?
¿qué dirías si... ?
¿qué opinas si...?

Esta expresión sirve para presentar a modo de propuesta una idea valiente y creativa. Lo bueno es que al usar el condicional hipotético no nos estamos comprometiendo a nada de lo que decimos.

○ **What would you say if** we gave you national phone calls free, except for calls to mobiles, in exchange for...

ultimátum

like it or lump it
si no te gusta, te aguantas
take it or leave it
lo tomas o lo dejas

Las dos son muy directas y la primera puede resultar incluso agresiva, por lo que se suele usar más en casa que en el trabajo.

○ —Can I borrow your suitcase for the weekend?
—Okay, there it is.
—Oh, it's not in very good condition, is it?
—It's the only one I've got. **Take it or leave it**.

that's my last offer
es mi última oferta

Expresa firmeza pero de forma educada. Se pone el énfasis en *last*.

○ —How much for that car?
—Two thousand five hundred.
—I'll give you one thousand eight hundred. Cash.
—I could go down to two thousand two hundred and fifty for cash.
—One thousand nine hundred. **That's my last offer**.

contraataque

be that as it may
sea como sea
en cualquier caso

Puede que lo que me acaban de decir sea cierto, pero eso no cambia el argumento central (que es la frase que sigue a esta expresión). Es medio formal y muy común.

○ —We're using very high quality materials on this job, as you can see.
—**Be that as it may**, I'm still not happy with the colour.

how come?
¿por qué?
¿cómo es que...?

La pregunta más útil y fácil en inglés, aunque apenas sale en los libros de texto. Su sentido es el de *why?*, pero tiene una estructura menos complicada, sin verbos auxiliares. Se pone el énfasis en *come*. Se puede decir *how come?* a secas o continuar con una frase completa en cualquier tiempo verbal.

○ —**How come** she asked you to do that instead of me?
—No idea. **How come** you don't ask her?

the ball's in your court
mueve ficha
te toca
tienes la patata caliente

De hecho, en español tenemos una metáfora parecida: «la pelota está en tu tejado». Es una expresión concisa, cortés e informal, y se usa en mil contextos.

○ —So I told them I would only take on the project again next year if they promised to provide more resources in terms of staffing, plus one and a half times the money.
—So **the ball's in their court** now?
—Exactly.

the thing is
lo que pasa es que...
la cosa es que...

Frase perfecta para introducir una objeción o una aclaración. El énfasis recae en *thing* y luego se hace una breve pausa.

○ —So, as you can see, the financial considerations are important.
—**The thing is**, with us it's not a question of technology or money; it's a question of trust, of the personal relationship between our companies.

REALLY SORRY

DISCULPAS

forgive me
perdona
siento haber...

Expresión educada, en forma de imperativo. Normalmente va seguida de *for* + gerundio. También puede ir seguida de *for* + nombre, aunque no es tan habitual.

O **Forgive me** for saying what I said last week. I didn't really mean to say that you were the worst man I had ever known.

I (really) must apologise (for doing something)
debo pedir disculpas (por...)
lamento haber...

Forma muy educada de pedir disculpas. Como en el caso anterior, se puede añadir el «pecado», en forma de nombre o gerundio enlazado con *for*.

O **I really must apologise** for the delay in payment. This is due to problems we are experiencing in our IT area.

(I'm) really sorry (for doing something)
lo siento mucho
siento mucho (haber...)
perdona (que...)

Forma muy breve e informal de pedir disculpas. Se puede añadir aquello que uno siente haber hecho con la estructura *for* seguida de un gerundio o de un nombre.

O 1) **Reallly sorry** for shouting at you the other day. You were a bit late, but I appreciate that you were coming straight from work.

2) **Really sorry** for the delay; we're having IT problems today.

WATER UNDER THE BRIDGE

PERDÓN O VENGANZA

erdonar y olvidar

to bury the hatchet
(let's) call the dogs off
enterrar el hacha (de guerra)
to smoke the pipe
of peace
fumar la pipa
de la paz

Las tres son muy gráficas. La primera proviene de los habitantes autóctonos de América del Norte y significa lo que literalmente hacían, enterraban las armas. La segunda también evoca la idea de aparcar las hostilidades. La tercera imagen la tenemos muy vista en los *westerns*. A menudo van acompañadas de una sugerencia, como *Let's, Why don't we* o *Shall we?*

○ Sensibly, they decided to **bury the hatchet** when their father became seriously ill.

don't worry about it
no pasa nada
no te preocupes

Alguien nos ha molestado, pero como somos gente maja, no pasa nada, ¿verdad?

○ —I'm sorry for being late.
—**Don't worry about it**; Tom and the kids have been held up in traffic too.

to forgive and forget
olvidar lo ocurrido
un malentendido
to mend our/their fences
arreglar las cosas

Dos expresiones muy útiles para dejar claro que ha habido reconciliación y perdón. La segunda no debe tomarse en sentido literal, pues no tiene nada que ver con arreglar la valla que separa los jardines de dos vecinos.

○ —I think we both said a few things
yesterday in the heat of the moment that
we regret saying.
—True. Maybe we should just **forgive
and forget**.

**(let's) put our differences
to one side**
aparquemos nuestras diferencias
to let bygones be bygones
*lo pasado, pasado está
pelillos a la mar*

Estas son dos expresiones de muy buena
voluntad, muestran un deseo de no dejar
que los conflictos pasados interfieran en el
futuro.

○ —Sophia said some terrible things about
you.
—I know, but I've decided **to let bygones
be bygones**.

to turn over a new leaf
hacer borrón y cuenta nueva

A diferencia de las anteriores, esta conlleva
la intención de corregir los comportamien-
tos que han conducido a esa situación de
conflicto.

○ I've decided to **turn over a new leaf**, and
hope that you won't bear certain things
from the past against me in the future.

**it's all water under
the bridge**
eso es agua pasada

Aceptación filosófica del pasado, sin buscarle excusas, justificaciones, justicia o venganza. Vamos, que "lo hecho, hecho está". Literalmente se interpreta como que las aguas
que ya han pasado por debajo del puente no
volverán a pasar.

○ —But what about all those terrible things
that happened during the dictatorship?
—**It's all water under the bridge**.

rencor, venganza

to bear/hold a grudge (about something/against somebody)
guardarle rencor a alguien
to have a chip on someone's shoulder
ser un resentido

En *to bear a grudge* el resentimiento es más agudo. *To have a chip on someone's shoulder*, el resentimiento del otro es quizá un poco exagerado. Es opcional añadir el motivo, pero empezaría con *about*.

○ He had **a chip on his shoulder** about being quite short, and had only short bodyguards around him.

heads will roll
(aquí) van a rodar cabezas

Es decir, que alguien se la va a cargar. Una reliquia verbal de la época en que se solucionaban los problemas por vía de la decapitación. Muy utilizada en la prensa escrita.

○ If you haven't cleaned up the house after the party, **heads will roll**, I can assure you.

I've got a bone to pick with you
tenemos que ajustar cuentas
tenemos un asunto pendiente

Es una forma de expresar que no estamos conformes por algo que conviene solucionar.

○ —Toni, **I've got a bone to pick with you**.
—What have I done now?

no holds barred
sin tregua
sin límites
sin tapujos

La expresión proviene originalmente de la lucha libre e indicaba que se puede agarrar (*hold*) al adversario de cualquier manera, sin restricciones (*barred*). Actualmente se aplica a una lucha en la que todo está permitido; en concreto se suele usar en los negocios y en el

mundo financiero, sobre todo para hablar de
rivalidades en un sector.

○ There have been several **no-holds-barred**
struggles between Microsoft and their
competitors and regulatory bodies on
both sides of the Atlantic.

(to give) no quarter
no dar cuartel

Es decir, no ofrecer condiciones benévolas
al enemigo ni mostrar compasión ante él.
En sentido figurado significa «atosigar a
alguien», especialmente a un contrincante.
¿Quién no ha visto o leído *El Señor de los
Anillos*? En la segunda entrega, hay una batalla culminante llamada *The Battle of Helm's
Deep* entre los hombres de Rohan y las hor-
das de orcos y Uruk-Hai bajo el mando del
malvado Saruman. ¿Cómo olvidar el discurso de Aragorn en vísperas de la batalla a los
defensores del castillo? Decía algo así:

○ **Give no quarter**! Nor should you
expect any!

**(to be) out for/after
someone's blood
(to be) looking for blood**
ir a por alguien
buscar con quién desquitarse

En la primera el *someone* es muy probablemente el responsable, mientras que en la
segunda, la búsqueda de sangre o venganza
puede tener un objetivo más difuso.

○ After a member of one of the two
communities was killed in a knife fight
yesterday, members of the other group
were **out for blood**, and tried
to assault the camp.

CONCLUSIONES

anything goes
todo vale

Título de una canción de Cole Porter que describe con ironía la decadencia de los años psoteriores a la Primera Guerra Mundial. *Anything goes* se utiliza para dar carta blanca a cualquier actitud aparentemente reprochable. Nótese que *anything*, *something*, etc. combinan con la tercera persona singular.

O If you look at the way most teenagers behave at local fiestas these days, you'd have to say that **anything goes**.

at the end of the day
a fin de cuentas
al fin y al cabo

Marcador muy útil para sacar conclusiones de algo y resaltar lo esencial. Va a principio de frase.

O So **at the end of the day**, she got exactly what she wanted, as usual.

enough said
con eso has dicho bastante
no hace falta decir más
say no more
no (hace falta que) digas más

Es una fórmula para agradecer una advertencia, es decir, se ha captado la intención que había detrás de unas determinadas palabras y no hacen falta más detalles.

O 1) —What do you think of this dress?
—It fits you nicely... maybe the colour...
—**Enough said**.

2) —I'm sure you can have the presentation ready for Monday morning...
—**Say no more**.

honestly
francamente
en serio

Sirve tanto para anunciar que lo que vamos a decir es verdadero como para resumir una opinión pero indicando un juicio (positivo o negativo) sobre lo que pasó o está pasando.

○ 1) **Honestly**, I knew nothing about this.

2) **Honestly**, it was best performance I've ever seen.

never again
nunca más

Después de pasar por un mal trance, *never again* expresa el deseo de no volver a vivir una situación parecida nunca más. En el caso de continuar la frase, hay que invertir el sujeto y el verbo (*never again will I drink homemade orujo!*).

○ —How did it go, singing solo in front of your entire school?
—**Never again**, **never again**.

that's life
así es la vida

Título de una canción de Frank Sinatra de 1966. El *that* indica una referencia anafórica (algo que se ha dicho antes).

○ —Did you win the match?
—No, we lost, 39-98.
—Oh well, **that's life**, isn't it?
—And if we'd won, would that be life too?
—I suppose so, darling.

when all's said and done
a fin de cuentas

Muy semejante a *at the end of the day*. Se pone el énfasis en *said* y *done*.

○ **When all's said and done**, he obviously wasn't the right man for you.

BEATING ABOUT THE BUSH

hablar claro

CON FRANQUEZA

don't mince your words
no tengas pelos en la lengua
no te andes con rodeos

Minced meat es «carne picada» en inglés británico. Suele usarse en imperativo negativo.

○ —I've always thought it was important to develop a relationship of trust and...
—**Don't mince your words**. You're here for money; don't think I don't know that.

to get down to brass tacks
to get to the point
ir (directo) al grano
dejarse de rodeos
concretar

La primera surgió en el mundo de la industria metalúrgica (*brass tacks* son «tachuelas de latón»). Se utilizan a menudo anteponiendo *let's* o simplemente en imperativo.

○ —It's so nice to see you again. How are you? How's...?
—**Get to the point**. I haven't got much time.

to put it mildly
por no decir otra cosa
es quedarse corto

Con esta expresión uno avisa de que lo que va a decir no es probablemente lo que el otro quiere oír, pero sí es una forma diplomática de que uno exprese lo que piensa. Esta expresión admite traducciones muy libres.

○ —... So that's the plan for the reception. Now, the catering company will charge us 75 Euros per guest. What do you think?
—Seventy five Euros per guest? Well, **to put it mildly**, I think that's rather expensive.

speaking frankly
con toda franqueza
(to be) frank
sinceramente
(to be) blunt
para serte franco
(to be) honest
para ser sincero

Cuatro maneras de avisar de que lo que sigue no es lo que el otro quiere oír. Se aplica a muchas situaciones en las que hay que ser francos (a veces poco diplomáticos).

○ —Which of those wines did you like the most?
   —**To be frank**, I didn't think either of them were anything special.

no hablar claro

to beat about the bush
irse por las ramas
andarse con rodeos

Dar golpes alrededor del arbusto (*bush*) encendido no apaga el fuego del bosque, es decir, no sirve de nada. Esta expresión a veces se dice anteponiendo *don't* o *stop*.

○ —Well, I think it's not a bad idea... though there are one or two things that could do with a bit more thought, but... in many ways it's quite interesting...
   —Stop **beating about the bush**; do you think it will work, or not?

(has the) cat got your tongue?
¿se te ha comido la lengua el gato?
(to be) tongue-tied
con la lengua trabada

En inglés, los gatos también se comen las lenguas de los que no se atreven a hablar cuando se supone que deberían hacerlo.

○ —What's wrong with you? **Has the cat got your tongue?**
   —No, I was just trying to think of an adequate response.

I'M SOLD ON IT

TRATO HECHO

let's do that then
let's say that then
hagámoslo así

Dos maneras de expresar el momento de alcanzar el acuerdo.

○ —So, shall we make the reservation for Friday at ten?
—Yes, **let's do that then**.

to meet someone halfway
ni pa(ra) ti ni pa(ra) mí
to reach/make a compromise
transigir
ceder
llega a una solución de compromiso

Dos maneras de expresar un acuerdo al que llegan dos partes, habiendo cedido cada una algo en sus exigencias. Es importante aclarar que «compromiso» en español se traduce como *commitment* en inglés.

○ Unions representing air traffic controllers **are meeting** with the government today to try **to reach a compromise** agreement on government plans to reduce salaries and increase the annual number of hours worked

(to be) on board
formar parte del grupo
apuntarse
participar

Usa una metáfora marinera. Estar a bordo de una nave como uno más de la tripulación quiere decir formar parte del equipo. Se usa mucho en política.

○ —So, now that you've heard how we'd like to present the project, **are you on board**?
—Can I have a few minutes to think about it?
—One.

shall we shake on that?
¡venga esa mano!
to have a deal
trato hecho

Dos maneras de señalar que se ha cerrado un trato (la primera, con un apretón de manos).

○ —I think that's a fair offer. Okay, **shall we shake on that?**
—Yeah, **you have a deal**, señor Mendizabal.

(to be) sold on something
lo compro
estar convencido

Se dice cuando uno está convencido del valor de una idea, producto o proyecto (no hay que tomárselo como una venta literal, claro). Es bastante coloquial.

○ —So, now that you've heard how we'd like to present the project, are you on board?
—**I'm sold on it**.
—Good.

to strike a deal
to do a deal
hacer un trato
llegar a un acuerdo

Dos combinaciones que expresan que se ha llegado a un acuerdo. Por supuesto, se pueden usar en pasado, presente o futuro, y tanto en forma afirmativa como negativa. La segunda indica tal vez un acuerdo no público por una razón u otra.

○ At midnight last night, unions representing air traffic controllers **struck a deal** with the government over plans to reduce salaries and increase the annual number of hours worked.

MADE TO LAST

CARACTERÍSTICAS DE UN PRODUCTO

(to be) custom-made
(to be) custom-built
(to be) tailor-made
(to be) made to measure
(estar) hecho a medida

Built indica algo fabricado, como una máquina, una moto o un coche, mientras que *made* se usa a menudo para muebles. *Tailor-made* y *made to measure* se utilizan en diversos contextos, pero sobre todo para ropa hecha a medida. También existe el adjetivo *bespoke*, muy británico.

○ —What lovely furniture you have!
It all looks **custom-made**. Is it?
—No, we were just very lucky
with IKEA.

made to last
built to last
resistente

Estos dos términos expresan que algo se ha concebido para que dure años. Se utilizan a menudo en sentido negativo, para quejarse de la tecnología que se fabrica con fecha de caducidad. Vamos, que ya no se hacen las cosas como antes.

○ —Wow! This car looks like it's a 1950s
model but it's still going strong.
What is it?
—It's a Morris Minor, and this
particular one was made in 1955,
but they had started making them back
in 1948. They **built** cars **to last**
in those days.
—You can say that again.

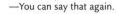

one size fits all
talla única
estándar
igual para todos
talla única

Se usa para describir cualquier servicio o producto que en principio sirve de forma universal, que cubre todos los aspectos de una determinada situación, etcétera.

○ —Do you offer any personalized
courses here, or is it a case of
one size fits all?
—Well, that depends on your pocket.

(to be) rough and ready
funcional
de batalla

Se refiere a algo barato y sin ningún lujo. También se usa para describir a personas que son bastas, poco refinadas.

○ —How was your accommodation in
the Old Town?
—It was a bit **rough and ready**, but
as I only needed a place to sleep,
it was okay.

GIVE CREDIT WHERE IT'S DUE

CRÍTICAS Y ELOGIOS

felicitar y elogiar

all credit goes to (+ name)
el mérito es de...
to give credit where it's due
*reconocer el crédito a quien
se lo merece
en honor a la verdad*
**to give (someone)
one's due**
*para ser justos...
a decir verdad*

La primera es una expresión que se usa cuando, ante un logro, uno quiere personalizar el éxito en una persona en concreto. *To give credit where it's due* se suele utilizar como una concesión, aunque no siempre: incluso cuando no estamos de acuerdo con todo, queremos reconocer el trabajo, su coherencia o calidad. La tercera va claramente en esta dirección.

○ 1) All **credit goes to** the backstage team, who worked through the night to get the hall ready for this event.

2) **To give** Fiona **her due**, she took the criticism well.

congratulations
enhorabuena
well done
*¡bien hecho!
¡muy bien!*

Congratulations se reserva para felicitar a alguien tras haber conseguido algo importante: aprobar un examen o el carné de conducir, terminar una carrera, una victoria deportiva... o simplemente cumplir años o casarse. *Well done* se usa para celebrar desde el más humilde logro al más espectacular.

○ —I've bought everything we need for the paella.
—Oh, **well done**!

you deserve no less
it's no less than you deserve
es lo mínimo que te mereces
you've earned it
te lo has ganado

Estas tres expresiones destacan que uno se merece lo que ha conseguido. Las dos primeras son *polite* e incluso un pelín formales. La tercera es más directa. ¡Atención! Resultaría un poco presuntuoso cambiar de pronombres para decir: *I deserve no less, It's no less than I deserve* o *I've earned it*.

○ —I don't know what to say; this is
   a tremendous honour.
   —**It's no less than you deserve**.

good on (you)
fair play to you
¡bien hecho!
¡muy bien!
¡eso es!

Significan lo mismo que las anteriores, aunque *good on you* es más común en Australia y Nueva Zelanda. *Fair play to you* se usa mucho en Irlanda.

○ —Tom has decided he wants to go
   to university to study Film and
   TV Production.
   —**Good on** him.

I've got to give it
to you, kid
I gotta hand it
to you, kid
la verdad sea dicha
las cosas como son

Expresión informal que se ha usado en la tira de películas cuando al final el héroe (a menudo joven y guapo) es reconocido por sus mayores como alguien que, por ejemplo, acaba de salvar el mundo. En la segunda, el *got to* se ha fusionado para convertirse en *gotta*.

○ **I've got to hand it to you, kid**.
   You were right all along.

way to go!
¡muy bien!
¡bien hecho!

Abreviación de la expresión *that's the way to go* (que también se utiliza). La emplea sobre todo la gente joven para elogiar una hazaña de alguien (y más que decirse, se grita). Es más norteamericana que británica.

○ —First of all, I'd like to thank all
my supporters and sponsors,
and of course my family and friends
—**Way to go**, Rafa!

falso mérito

**to take the credit
(for something)**
*llevarse el mérito (de haber
hecho algo)
atribuirse el mérito*

Esta expresión se usa para asumir la responsabilidad de un éxito. Se puede utilizar también para criticar a alguien que haya recibido un mérito que en realidad no es suyo. Ya sabemos que los elogios a veces recaen únicamente sobre una persona cuando el mérito en realidad es de todo un equipo. Se puede añadir *all* antes de *credit*.

○ The government **took all the credit
for** the new legislation, when in fact
they were against it until the very
last minute.

criticar y quejarse

I don't like to complain, but...
no es por protestar, pero...

Típica expresión muy *polite* que indica que una queja está a punto de hacer acto de presencia. Es más frecuente en el inglés británico que en el norteamericano.

○ **I don't like to complain, but** you were supposed to meet us at the airport.

(it) takes one to know one
that's the pot calling
the kettle black
mira quién fue a hablar
dijo la sartén al cazo

Una réplica muy diplomática para cuando se recibe un insulto, aunque implica aceptar el insulto porque uno devuelve la pelota sin negar la acusación.

○ —You're a real bastard, you know that?
—**Takes one to know one!**

to throw the book at
somebody
castigar con todo el peso
de la ley
empapelar

En sentido figurado, el libro que le van a tirar a uno es de leyes, o sea que uno va a pagar todas las infracciones que ha cometido, por pequeñas que sean. Se suele decir cuando alguien ha sido pillado con las manos en la masa.

○ If they catch us doing this, they'll really **throw the book at us**. We won't get off lightly again.

(there's) room for improvement
hay margen de mejora

Es una expresión *polite* y diplomática que, sin indicar una queja en sí, deja claro que podemos esperar algo mejor en el futuro. Para expresar que lo que ya se ha conseguido está bien o resulta aceptable, se puede decir *There's still room for improvement*. Para expresar justo lo contrario, se diría *There's clearly room for improvement*. Se puede añadir *still* antes o después de *room for improvement* para enfatizar.

○ We were happy with the team's performance against Portugal, but **there's room for improvement** still.

that's (just) not good enough
con eso no basta
no es suficiente

Expresión dura, que aunque no es de mala educación sí que puede llegar a ofender. Se puede decir con y sin *just*. Se aplica a situaciones en las que uno no se da por satisfecho.

○ We've been waiting two hours for our flight to be called, with no information from you. **That's just not good enough.**

(what a) load of crap*
*vaya mierda**

Expresa descontento total y es muy probable que pueda ofender porque es muy vulgar. Se usa en situaciones donde uno no ha quedado satisfecho y sirve también para opinar que algo es mentira. El énfasis recae en el sustantivo *crap* malsonante (y maloliente).

○ —**What a load of crap** this is, but I have to read it for my Master's.
—I hope nobody says that about your thesis.
—I mean, oh, sorry.

can-do
todo es posible
podemos hacerlo

(to be) doable
ser factible
ser posible

Can-do significa algo así como «sí, puedo» o «sí, podemos». Se refiere a una predisposición proactiva, a menudo en contraste con actitudes contrarias. Se emplea sobre todo como adjetivo y se pronuncian claramente los dos verbos, con una pequeñísima pausa entre ellos. El adjetivo *doable* (se puede hacer) es parecido: algo que puede resultar difícil pero no imposible. Se utiliza, sobre todo, cuando hablamos del futuro.

○ 1) What I like about her is her **can-do** attitude.

2) Of course what you ask is **doable**, but it'll be expensive.

in all likelihood
con toda probabilidad
lo más seguro es...

Expresa que algo es entre probable y muy probable. Se usa en inglés estándar y sobre todo en informes y en periodismo. Se puede aplicar a una amplia gama de situaciones y contextos; siempre que hablemos de futuro, claro (de ahí que siempre vaya seguida de una frase en ese tiempo verbal).

○ —**In all likelihood**, you will be the first woman to be named head of this Department. How do you feel about that?
—Tremendously proud, but maybe another woman should have had the honour years ago.

it stands to reason
lo lógico es que...
por lógica

Es una expresión que alude a algo que quizá no ha pasado, pero por lo menos resulta creíble y lógico.

○ —Has she said anything about it yet?
—No, but **it stands to reason** that she won't like it. After all, she's never liked these sorts of things...

I've a good mind to...
me dan ganas de...

Se utiliza sobre todo cuando a uno le entran unas ganas irreprimibles de castigar a otro. Y le encantaría hacerlo porque lo tiene merecido, pero no está claro que lo vaya a llevar a la práctica. Va seguida de un verbo.

○ **I've a good mind to** report you to the Consumer Rights Association for selling food in this condition.

just in case
por si acaso

Aunque no se trata de algo muy probable, resulta sensato tomar precauciones.

○ We're not expecting the weather to be bad today, but you'd be well advised to take some waterproof clothing and an umbrella, **just in case**.

the odds are...
lo más probable es que...

Viene del mundo de la apuestas y expresa las probabilidades (*the odds*) de ganar que tiene un caballo, expresadas en términos numéricos. Se puede aplicar en una amplia gama de situaciones y contextos, aunque por supuesto, cuando hablamos del futuro. Se dice *the odds are (that)* + sujeto + verbo.

○ **The odds are** ten to one that Spain will win this match.

(the) odds-on favourite(s)
el que tiene más posibilidades

it's a dead cert
es cosa segura
no puede fallar
está cantado

El origen de ambas expresiones hay que buscarlo en las apuestas deportivas. *The odds* son las ganancias que obtenemos si gana nuestro caballo o equipo. Por ejemplo, *the odds are ten to one* significa que si ganas, te dan diez libras (o la moneda que sea) por cada libra apostada. *Odds-on* quiere decir que te dan una libra por cada libra apostada, es decir, que ganas lo mismo que has apostado. El significado de la segunda expresión es fácil de adivinar sabiendo que en inglés informal *dead* (muerto) es sinónimo de *very*, y *a cert* es *a certainty* (una certeza). Se conjugan con el verbo *to be*.

○ 1) Brazil were **odds-on favourites** to win the tournament, but they didn't even reach the semi-finals.

2) —Will this government be re-elected?
—**It's a dead cert**.

a shoo-in
el favorito
el más firme candidato

A shoo-in se utiliza mucho en política, negocios o deportes cuando un candidato tiene todo a favor para ganar. Se puede decir *to be a shoo-in* o *to have a shoo-in*. Originalmente, un *shoo-in* era el caballo que iba a ganar la carrera no por méritos propios, sino porque la carrera estaba amañada. El caballo en cuestión ganaría la carrera incluso aunque fuera totalmente indolente y hubiera que ir azuzando (*shooed-in*) para que cruzara la línea de meta. De ahí que *a shoo-in* pueda tener el matiz también de algo que está amañado, aunque este uso ya no es muy común.

○ She's by far their best sales rep, so she's **a shoo-in** for the free cruise holiday for the three best sales reps.

previsible

I saw it coming
I could see it/that coming
se veía venir

Esta expresión se dice cuando ha sucedido algo que ha podido pillar por sorpresa a los demás, pero que uno lo veía venir, aunque no hubiera dicho nada antes.

○ —Silvia has left the company; did you know?
—No, but **I could see it coming.**

I wouldn't be surprised...
no me extrañaría

Existe esta versión concisa que termina con *surprised*, y una versión más larga con un *second conditional* en toda regla para expresar algo supuestamente poco probable pero muy creíble a la vez. La construcción de la versión más larga sería *I would not be surprised + if +* sujeto + verbo (*past simple subjunctive*).

○ —I think Gina could be a bit late.
—**I wouldn't be surprised**.

it comes as no surprise to me
no me extraña
no me coge de nuevo

En caso de tener que explicar qué es lo que nos sorprende tanto, existe una versión más completa, que dice *it comes as no surprise to me to learn that...*

○ —Well, there we go; Spain are the new world football champions.
—**It comes as no surprise to me**, Gary; they've got so much talent that...

no surprise there
pues entonces, no me extraña

Esta es una expresión parecida a la anterior. Una traducción más literal, que también puede servir en según qué contextos, sería «eso no es ninguna sorpresa» o «eso no sorprende a nadie».

○ —It was terribly hot in Marrakech when we were there.
—When did you go?
—July.
—**No surprise there.**

surprise, surprise
sí, menuda sorpresa
¿y te extraña?
pues claro
ya me dirás

Normalmente se usa en tono sarcástico para indicar que al otro le puede haber sorprendido, pero a nosotros no nos extraña.

○ —We didn't manage to get tickets for the Bruce Springsteen concert.
—**Surprise, surprise**. You left it far too late.

poco probable

dark horse
vencedor inesperado

Se aplica a un candidato que no se había tenido en cuenta en una competición, pero de repente sorprende y puede triunfar e imponerse a los candidatos favoritos. *Dark Horse* es una canción de George Harrison de 1974. Él explica en su autobiografía que en realidad no sabía el significado de la expresión; en Liverpool, llamaban *dark horse* al hombre que lleva una relación clandestina. La canción se inspiró en su matrimonio, su mujer lo dejó por el guitarrista (y amigo) Eric Clapton.

○ The club are looking for a new coach for the first team, and a lot of top-name international candidates have been mentioned in connection with the job, but there's a local boy a bit of **a dark horse** who still might get the job.

a long shot
una posibilidad remota
me arriesgo
de perdidos al río

En el fútbol, en el golf o en el baloncesto, un tiro lejano (*a long shot*) tiene pocas posibilidades de dar con la portería, la canasta o el hoyo. De ahí la expresión.

○ —This is **a long shot**, but would you be interested in some tickets I have for a weekend meditation workshop? I bought them ages ago, and now we can't go. I know it's not your kind of thing, but you never know unless you ask, do you?
—A meditation workshop? How many hours did you say?

a shot in the dark
a voleo
dar palos de ciego

Disparar en la oscuridad no ofrece muchas garantías de éxito, se apela a un golpe de suerte, más que a otra cosa.

○ —So you're from Athens? Do you happen to know someone called Mado Iliopolou?
—I don't actually. There are two million people in Athens, you know.
—Yeah, it was just **a shot in the dark**, really.

(to be) unlikely
(to be) not likely
poco probable
not likely!
¡ni hablar!

Tres expresiones del inglés estándar muy comunes. Se usan siempre cuando se habla del futuro. La tercera expresión, *not likely!*, es una versión de la segunda y significa simplemente «¡ni hablar!».

○ —Hey, Yolanda, listen, we're likely to be
a bit late for lunch. We've just left the house
and there's a lot of traffic. Start without us.
—**Not likely!** We'll wait for you.

a likely story
¡patrañas!
¡y un jamón!

Esta es una forma de mostrarse escéptico. Es
inglés estándar oral.

○ —Sorry we're so late. There was a lot of
traffic, and we took the wrong motorway exit,
and then we…
—**A likely story!** You've always got an
excuse for being late, haven't you?

**to not (have) a cat in
hell's chance**
**to not (have) a snowball's
chance in hell**
tener cero posibilidades
no tener nada que rascar

Estas dos expresiones describen una situación destinada al fracaso. Literalmente,
como las posibilidades que tienen un gato o
una bola de nieve de sobrevivir en el infier-
no. En ambas se puede omitir el verbo *have*.

○ 1) We know we haven't got **a cat in hell's
chance** of winning this competition, but we're
going to compete anyway.

2) My friends said I never had **a snowball's
chance in hell** of ever getting her to fall
in love with me. But I still dreamt of it.

inevitable

bound to happen
tenía que suceder
estaba claro que…
era inevitable que…

set to happen
está previsto que…

La primera se refiere a algo que es probable
que ocurra, si nos basamos en la información
que tenemos ahora, aunque el factor azar
siempre puede intervenir. La segunda habla
más bien de cosas ya programadas o previs-
tas a nivel técnico, con lo cual tal vez indica

un grado de probabilidad más alto. Ambas son inglés estándar. *Set to happen* es más formal. *Happen* se puede sustituir por otros verbos (como en los ejemplos siguientes).

○ 1) Unless we take some precautionary measures now, we're **bound to** run into problems after we launch the product in two months.

2) This new solar power energy platform is **set to** provide enough electricity for a town of 5,000 inhabitants.

foregone conclusion
un resultado cantado
algo (que) se veía venir
un resultado inevitable

open-and-shut case
un caso clarísimo
un asunto obvio

Las dos provienen del lenguaje legal. Son típicas en los juicios en los que el veredicto está cantado antes de empezar, ya sea por la contundencia de las pruebas que se van a presentar, los prejuicios del jurado o la presión mediática. La expresión fue acuñada por Shakespeare en su tragedia *Otelo*.

○ 1) It was a **foregone conclusion** that the director's daughter would get the job as head of human resources.

2) Their lawyer advised them to plead guilty and appeal for clemency, as it was such an **open-and-shut case**.

(to be) on the cards
se veía venir
estaba cantado

La voz de la superstición de los marineros de antaño cuando intentaban adivinar su futuro leyendo las cartas. Si algo está *on the cards*, es inevitable que suceda. La versión norteamericana es *in the cards*.

○ A major policy change is **on the cards** in the government, according to today's news.

NO RUSH

CON PRISAS O CON CALMA

con prisas

get a move on!
get your skates on!
get on your bike!
date prisa
¡largo de aquí!
get your arse into gear!*
¡mueve el culo!

Cuatro expresiones en imperativo para instar a alguien a que se apresure en un momento dado. La segunda la usan mucho los hinchas de fútbol escoceses. La cuarta es la más informal.

○ We have to leave in 45 minutes and you're
not even packed yet for the holiday.
I suggest you **get a move on**.

in the nick of time
justo a tiempo
to cut it fine
ir con el tiempo justo
ir muy justo de tiempo
llegar por los pelos

La primera se usa sobre todo cuando relatamos algo en pasado. En cuanto a *to cut it fine* se emplea con cualquier tiempo verbal para expresar que uno ha dejado poquísimo tiempo para hacer lo que tenía que hacer.

○ —What time is your flight?
—In three hours.
—Hadn't you better be going? It'll take us
at least 90 minutes to get to the airport,
you know. You're **cutting it** very **fine**.

to jump the gun
salir antes de tiempo
obrar con anticipación
adelantarse a
los acontecimientos

Esta expresión evoca a los corredores de una competición de atletismo que empiezan a correr justo antes de que suene el pistoletazo de salida. Se puede utilizar para referirse a cualquier acción o gestión precipitada, y a menudo con *don't* delante.

Now don't **jump the gun**, but next Monday
they're going to announce the creation of a
new managerial position in the Production
Department, and I thought you might
be interested.

no time to waste/lose
no hay tiempo que perder
look smart (about it)
¡date prisa!
quick as you like
¡rápido!

Tres formas de darle prisa a alguien. A veces
terminan con un signo de exclamación.

 —Come on, Karen. **No time to waste!**
—Allright, allright, just give me a minute.

time's up!
timed out
¡se acabó el tiempo!
tiempo agotado

Dos formas de expresar que el tiempo disponible se ha agotado. La segunda recuerda a
la máquina que se apaga tras un periodo de
funcionamiento. *Time out* es un *break* para
el café, también se usa cuando se intenta cal-
mar los nervios de alguien.

 1) Sorry, **time's up**. Can't wait any longer.

2) —The program didn't let me finish the test!
—But you knew that once you started you
only had 60 minutes on-line, and if you took
longer than that well of course you **timed out**.

3) Ok everyone, we've been debating this
for over 2 hours. Let's take some **time out**.

T minus five
quedan cinco
minutos

Un aviso que puede dar una persona o una
máquina, de que quedan cinco minutos (se
puede cambiar la cifra). También es la típica
frase que se usa en la cuenta atrás cuando se
va a lanzar un cohete: *T minus 10, 9, 8...*

 —**T minus five**, Max.
—Okay, okay.

con calma

all in good time
todo a su tiempo
cada cosa a su debido
tiempo

Algo para lo que no hay prisa o no hay presiones para que se haga ya mismo.

○ —When will the younger players get
a chance to break into the first team?
—**All in good time**. The important
thing is for them to be mentally
ready for it.

all the time in the world
todo el tiempo del mundo

Una forma más extrema de expresar la misma idea que *no rush* (véase la nota de la página siguiente) y que ya utilizaba Louis Armstrong en una famosa canción con ese título. Se dice a menudo con *got* o *have got*.

○ —I don't want to keep everyone
waiting!
—Don't worry, honey, we've got
all the time in the world.

for as long as it takes
lo que haga falta
el tiempo que sea necesario

Se utiliza cuando no hay límite de tiempo ni prisa: lo importante es hacer bien el trabajo, sin ir mirando el reloj o el calendario. Se usa con verbos en tiempos futuros (*will/going to*) o en referencias al futuro.

○ —How long will our military be
committed to Afghanistan,
Mr President?
—**For as long as it takes** to create
a stable democracy in that country;
thank you. Next question?

(there's) no rush
(there's) no hurry
sin prisas
no hay prisa

(there's/we have) plenty
of time
tenemos tiempo

Tres maneras de expresar la misma idea, no hay prisa. Son todas muy frecuentes, sobre todo en el inglés hablado y en textos informales.

○ 1) —Darling, do you really need to sample every bottle of perfume and eau-de-cologne in this shop? We'll miss our flight.
—Nonsense, darling. **There's no hurry**; they haven't even started boarding yet.

2) —Shouldn't we be at the boarding gate now?
—We've got **plenty of time**. It won't be boarding for another 30 minutes.

take your time
when you're ready
tómate todo el tiempo
que necesites

Dos expresiones para que el otro no se precipite. Son muy frecuentes en inglés oral y en e-mails informales.

○ —How should I hold the club?
—That's fine like that. Now, aim just between those trees there, because we want to drop the ball just on the other side of that water. **Take your time.** (...) Now, keeping your eyes on the ball... No, no... on the ball...

ready when you are
¿listo?

Una versión concisa de *I'm ready when you are*, es decir, «yo estoy listo, ¿y tú?» Se le dice a alguien que está tardando en hacer algo.

○ —Now, Jamal, have you got the answer to the question? Remember, it's for 500,000 Rupees.
—Ummm... I'm not sure if it's A or D.
—20 seconds left, Jamal... 10 seconds... **ready when you are.**
—Ummm... A!

I'VE HAD IT UP TO HERE

HARTAZGO

and the point is?
¿a dónde quieres llegar?
no veo por dónde vas

Expresión muy directa que ataca la falta de coherencia de un discurso porque carece de un mensaje central (*the point*) o porque es muy largo y no va a ninguna parte. En muchos casos tiene el matiz de que uno ha agotado su paciencia.

○ —... so if we were able to sort of explain something to the clients that well, we can of course if we use one of those new, actually Marga had one the other day, so that's my opinion.
—**And the point is?**

(to be) at the end of one's tether
no poder más
estar al límite
tensar la cuerda

La cuerda que ata un caballo a un poste es un *tether* y *to tether* es «atar, amarrar». Si el caballo tira fuerte hasta que no puede más, con el siguiente esfuerzo la cuerda cederá y el caballo se quedará suelto con toda su rabia. Si estamos *at the end of our tether* es que no podemos aguantar más y estamos a punto de estallar de rabia (justificada, por supuesto).

○ Some kids have covered the front of the house with graffiti again! We've only just had the last lot cleaned off! I'm **at the end of my tether** with the people in this part of town!

fed up
harto

No tiene nada que ver con *fed*, el pasado del verbo *feed* (dar de comer): se trata de la frase más habitual para expresar que uno está harto. Es informal, pero no ofensiva. *Fed up to the teeth* y *fed up to the back teeth* (estar hasta los mismísimos) son versiones alternativas. Se dice *to be fed up + with something/somebody*, o bien to *be fed up + with somebody doing something*.

○ —**I'm fed up with** this computer. When are we going to get a decent one?
—When we can afford it.

for God's sake!
for Pete's sake!
¡por el amor de Dios!
¡por Dios!
for fuck's sake!*
¡hostia puta!*
¡la puta de oros!*
¡me cago en la puta!*

Expresiones de frustración, exasperación o enfado; la tercera es la más vulgar. Muchas veces van acompañadas del deseo de que un determinado comportamiento cambie, desde el punto de vista del que habla, obviamente.

○ —... and I forgot to set my alarm clock again, so I was late for work, and they warned me about it...
—**For God's sake**, when are you going to develop more sense of responsibility?

I've had it up to here
hasta aquí hemos llegado
estoy hasta los mismísimos
hasta la coronilla

Tal vez no queda muy claro dónde está *here*, pero no importa. Es una versión más fuerte que *I'm fed up*. Por supuesto admite otros pronombres de sujeto, pero no hace falta preguntar a qué hace referencia *it* aquí. En español, si se dice «¡estoy hasta aquí!» uno suele señalarse la cabeza al pronunciar «aquí». La construcción es (pronombre) + *had it up to here* (+ *with something/somebody*) o bien (+ *with somebody doing something*).

○ —What's up?
—**I've had it up to here** with those
neighbours! Why do they think we want
to listen to their music all the time?

here we go again
ya estamos otra vez

Expresión irónica que indica que uno está
harto de escuchar la misma historia o de encontrarse en una determinada situación. Se
puede usar en tono jocoso o irritado.

○ —I'm ringing to say I'm going to be late for
dinner, about an hour, or maybe two. You see.
—Oh, **here we go again**. What is it this time?

put a sock in it*
cierra el pico
*calladito estás más guapo**

Forma directa, muy informal y agresiva, ya
que se invita al interlocutor a meterse un cal-
cetín en la boca. Aunque se puede decir con
una sonrisa o suavizarla ligeramente con un
will you?, sigue siendo una expresión vulgar.

○ —... and that's another thing you never do
when I ask you; how many times do I have to
ask you to?
—Oh, **put a sock in it**!, will you?

**the straw that broke
the camel's back
the final straw
the last straw**
el colmo
la gota que colma el vaso

En inglés no son gotas, sino pajas *(straw)* las
que poco a poco rompen la espalda del desafortunado camello. La segunda y la tercera
son muy parecidas, son versiones abreviadas
de la primera.

○ When she started going through my work bag,
opening my mail and reading my personal
diary, that really was **the final straw**.

that takes the biscuit!
eso es el colmo
eso se lleva la palma
¡hasta aquí podíamos llegar!

Aquí *biscuit* no significa «galleta», aunque es cierto que en Gran Bretaña hay una gran cultura en torno a ellas. Se usa esta expresión cuando algo es tan sorprendente que ya resulta el colmo. El énfasis se pone en *takes* y *biscuit*.

○ —... and apparently he started stealing from his parents to get the money to buy drugs.
—Well **that** just **takes the biscuit!**

to top it all off
para colmo (de males)

Sirve para expresar nuestro hartazgo ante una situación. Cuando ya no podían ir peor las cosas, alguien supera nuestras peores expectativas.

○ He lied to me, ripped me off, took my job, married my wife and, **to top it all off**, my kids loved him!

ODDS AND SODS

bits and bobs
bits and pieces
minucias
cuatro cosas

La primera expresión es inglés británico informal, la segunda es más internacional.

○ —Are you ready to go?
—Hang on; I've just got a few **bits and bobs** upstairs. Back in 30 seconds.

to hedge one's bets
no mojarse

Hedge es un «seto». La expresión es una metáfora para alguien que no se inclina claramente ni por uno ni por otro y quiere mantener varias opciones abiertas para minimizar el riesgo. En el mundo de las inversiones *hedge* significa repartir el riesgo. En español se usa el término en inglés *hedge funds* para designar a los «fondos de inversión libre».

○ —So, now that you've heard their prediction for the next 18 months, are you on board?
—No. I'm going to **hedge my bets** for the time being.
—I see.

here and there
around and about
aquí y allá
de aquí para allá

Son respuestas evasivas a preguntas directas e indiscretas del tipo: «¿dónde has estado?».

○ —So where have you been these last year?
—Oh, **here and there**, you know...
—Sure.

odds and ends
odds and sods
pequeños detalles
dos tonterías

Expresiones similares a *bits and bobs*. También son inglés británico informal.

○ —Is that everything for today then?
—Not quite; I think Stuart has a few **odds and sods** he needs to mention before we go.

this and that
esto y lo otro

Para hablar de temas en general, sobre todo cuando no apetece entrar en detalle.

○ —What were you two talking about when I came in?
—Nothing much; just **this and that**, you know.

stuff
mis cosas
nada
tonterías

Originalmente se empleaba para nombres no contables. La traducción varía mucho dependiendo del contexto; en el ejemplo, la respuesta vaga que se suele dar es «nada...». Es informal.

○ —What do you and your friends do when you go out at night?
—Oh, **stuff**.

what with one thing and another
entre pitos y flautas

Se utiliza para poner una excusa por no haber hecho algo. En realidad uno no quiere decir qué es lo que le impidió poner algo en marcha.

○ —**What with one thing and another**, I wasn't able to phone you over the weekend. Sorry.
—How long does it take to select a name from your Contacts list?

LOVE AT FIRST SIGHT

a love-hate relationship
una relación de amor-odio

Curiosamente, las relaciones de amor-odio suelen tener más dosis de lo segundo que de lo primero...

O Nati and her daughter, they have **a love-hate relationship**.

absence makes the heart grow stronger
la ausencia aviva el cariño
la ausencia es al amor lo que el fuego al aire

Este proverbio subraya de manera optimista y romántica la esperanza de que la distancia geográfica no va a afectar la solidez de una relación.

O —You won't forget me while you're away, will you?
—Of course not; **absence makes the heart grow stronger**.

it takes two to tango
(esto) es cosa de dos

Versión optimista y romántica de *it takes two to quarrel* (dos no pelean si uno no quiere). Aquí el tango es el símbolo de armonía, compenetración y el amor. Esta expresión se utiliza como muletilla a la hora de ligar.

O —I hear that you set up a blind date for Jim with Amaya. How did it go?
—Yes, I did, but it didn't lead to anything. She was keen, but he wasn't. **It takes two to tango**, doesn't it?

love at first sight
amor a primera vista

En español la expresión es literal, «amor a primera vista», pero sospechosamente se usa muchas más veces como pregunta o en pasado: *It was a case of love at first sight.*

○ Do you believe in **love at first sight**, or shall I walk past you again?

love will find a way
el amor todo lo puede

El amor siempre encontrará un camino o una manera de conseguir lo que desea. Se emplea sobre todo en situaciones de adversidad, donde la esperanza necesita que le echen una mano.

○ Even though things look hopeless for you at the moment, I'm sure **love will find a way.**

there's no love lost between (name) and (name)
(fulanito) y (menganito) no se pueden ni ver

Para perder el amor tiene que haber existido antes, así que esta expresión deja bien claro que nunca lo hubo. Se usa para describir una relación que ha estado llena de tensiones desde hace tiempo. También se puede decir *little* en vez de *no*, y el significado es el mismo.

○ Unfortunately, **there's no love lost between her parents and mine**, though we do manage to get them together once a year.

RELACIONES SOCIALES, SEXUALES Y DE AMOR

llevarse bien

to get on like a house on fire
llevarse de maravilla

Una expresión muy gráfica que sirve para describir las excelentes relaciones entre familiares, amigos, compañeros de trabajo, o incluso entre dos mascotas, como en el ejemplo. No se puede añadir ni quitar ninguna palabra; se usa siempre tal cual.

○ —How do you find it having a cat and a dog living with you?
—No problem at all; in fact, **they get on like a house on fire**. They grew up together.

to get on with somebody
llevarse bien con alguien

Esta es una manera informal de expresar que la relación con familiares, amigos o compañeros de trabajo va como la seda. A menudo se añade *well* después de *on* o al final: podemos decir *to get on well with somebody* o *to get on with somebody well*. Para expresar lo contrario se diría *they don't get on well* o *they get on badly*. En inglés americano se utiliza *to get along*.

○ —How important do you think it is to get on well with the people you work with?
—Very important. I didn't **get on well with** my workmates in my last job, and that's why I left.

(to be) joined at the hip
ser como uña y carne

Imagínate a dos personas que están unidas (*joined*) por la cadera (*hip*). Irían juntas a todos lados, ¿no? Eso es básicamente lo que indica esta expresión.

○ Ramón and Teresa seemed to be **joined at the hip**. You won't see one without the other!

to see eye to eye
estar de acuerdo
estar en la misma onda
ir a una

Una manera informal de expresar el buen entendimiento entre dos personas.

○ After the meeting with the Chinese Premier, the President declared that the two leaders **saw eye to eye** on most of the key issues affecting international trade and relations.

enamorarse

(to be) crazy/mad about someone
to have the hots for someone
estar loco por alguien
estar colado por alguien

Las dos primeras son coloquiales y bastante comunes. *Crazy* y *mad* son casi sinónimos (loco). *To have the hots for someone* es muy informal y expresa un deseo de tipo sexual.

○ —**I'm crazy about** this girl in my Biology class.
—And what's your plan of action?
—Action? No, she would never look at me.

to fall in love with somebody
enamorarse de alguien
(to fall) head over heels
estar perdidamente enamorado
estar enamorado hasta la médula
to lose your head over someone
perder la cabeza por alguien

La primera expresión se usa mucho, supuestamente porque sucede a menudo. Hay quien expresa el desamor de la misma manera pero cambiando *in* por *out* (*fall out of love*) aunque este es un uso poco gramatical. La metáfora de la caída también la refleja bien *head over heels*, que en otros contextos también significa «de cabeza», por ejemplo para describir que alguien se ha caído de cabeza por la escalera. Lo de perder la cabeza se refleja literalmente en la tercera. En general, las dos últimas parecen describir sentimientos más intensos pero al mismo tiempo, y según la situación, quizá menos profundos. A saber...

 —You look a bit strange. Oh no, you haven't **fallen in love with someone**, have you?
—I have, I have, **I'm head over heels**.
—Remember what happened last time **you lost your head over someone**?
—No.

to fancy someone
gustar

Este verbo implica que hay un interés hacia una persona, tal vez no confesado abiertamente, pero que va más allá de una mera amistad. Es bastante informal y se utiliza en inglés británico.

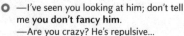 —I've seen you looking at him; don't tell me **you don't fancy him**.
—Are you crazy? He's repulsive... in a cute sort of way.

ligar

to ask someone out
pedir salir a alguien
invitar a alguien a salir

Tarde o temprano, uno le pide al otro para salir. Este verbo se usa para esta primera (y a veces única) cita.

○ —Some idiot friend of my brother's
has asked me out on Friday night.
—What did you tell him?
—I said yes.

to chat someone up
camelarse a alguien
to pick someone up
ligarse a alguien

La primera deja claro que la táctica empleada es la destreza verbal. Si has *chatted someone up*, significa que te has ligado a alguien gracias a tus dotes verbales, la segunda implica también que se ha conseguido el objetivo. Por cierto, *a pick-up line* es la frase que usamos para entrarle a alguien: por ejemplo el muy manido «¿estudias o trabajas?».

○ —Are you trying **to chat me up**?
—Isn't that obvious?

to go out with someone
(to be) dating someone
(to be) seeing someone
salir con alguien
salir juntos
estar con alguien

La primera puede servir para una cita (*a date*) o para una relación más estable sin vivir juntos. La segunda significa lo mismo y es más habitual en inglés norteamericano. La tercera es la más formal. En la película *Atrapado en el tiempo* (1993), por ejemplo, Bill Murray la usa para preguntar a Andie MacDowell:

○ —Are you **seeing anyone**?
—I think this is getting too personal. I don't think I'm ready to share this with you.

to try it on with
to make a pass at
to make a play for
to hit on (someone)
ligar
entrarle a alguien

Cuatro maneras de expresar un intento de ligue, sin que necesariamente haya habido éxito. La segunda es un poco menos informal, aunque en general las cuatro son bastante coloquiales. La cuarta es la más juvenil de todas.

○ —Oh my God, Paco **has just made a pass at me**!
—Oh. So I imagine he wasn't successful.

consumar

to get off with someone*
enrollarse con alguien
liarse con alguien
to score with someone
mojar
to have it off with someone*
*tirarse a alguien***
to get some action
to get laid*
*echar un polvo***
pillar cacho

Los menores de 15 años que dejen de leer ya mismo. He aquí cinco expresiones que se refieren, como diría mi madre de una forma más dulce, al acto de hacer el amor con alguien (*make love with someone*). Y sin que haya necesariamente una declaración formal de amor o la promesa incluso vaga de verse de nuevo. Por supuesto, existen infinidad de verbos más vulgares para referirse a lo mismo. Si te interesa conocerlos, seguro que los encontrarás en el libro *Word up!*

○ —You look a bit low. When was the last time you **got some action**?
—Hang on; let me get a calendar.

formar una pareja

to get hitched
dar el sí
dar el paso
to commit (oneself) to someone
comprometerse
to get engaged
comprometerse
to get married
casarse

Varias formas de referirse al momento de comprometerse o de casarse. La primera es informal y viene del hecho de enganchar (*to hitch*) el caballo a un carro. *To commit to someone* o *to commit yourself to someone/something* además de referirse al compromiso sentimental, pueden referirse a un contrato con un club de fútbol, por ejemplo. Más actuales son *to get engaged*, normalmente con un anillo de compromiso de por medio, y *to get married*.

○ —A lot of women are under the impression that men find it hard to commit. Strange, isn't it?
—Yes, I can't understand that; I**'ve got hitched** dozens of times.

to get together
to go steady with somebody
salir
ir en serio

Las dos expresan la idea de salir con alguien. La primera es más genérica, pero no necesariamente superficial. *To go steady* se usa cuando hay más compromiso, se emplea cuando uno de la pareja quiere empezar a salir con el otro en plan más estable, como novios.

○ —Susana, would you like **to go steady with me**?
—I thought we already were!
—Oh, well, sure, of course we are...

(to be) made for each other
(estar) hechos el uno para el otro
(a) match made in heaven
una pareja perfecta
una pareja ideal

Para hablar de parejas perfectas, es decir, de medias naranjas que se han encontrado y que además cuentan con el beneplácito del cielo, tenemos dos expresiones muy románticas. Las expresión *a marriage made in heaven* data al menos de 1567.

○ —Rob and I **are just made for each other**!
—So, it's **a match made in heaven**, is it?

a partner
a couple
(to be) an item
(ser) pareja

A partner es la pareja, independientemente de si ha habido boda o de si se vive bajo el mismo techo. ¡Ojo! *A partner* es también el socio de una empresa. *A couple* son dos personas que forman una pareja. Informalmente, a una pareja también se la llama *an item*.

○ 1) Have you met my **partner**, Maria-Elena?

2) —Did you know that Gemma and David are now **an item**?
—No!

problemas

to cheat on somebody
engañar a alguien
poner los cuernos
to fool around
verse con otros/as
to play around
tener una historia
pasarlo bien

Tres formas coloquiales que aparecen en un montón de canciones populares y de jazz. Significan «poner los cuernos a la pareja», lo que en un registro más formal se diría *to be unfaithful to someone*, o sea, «ser infiel». *To fool around* también tiene el sentido más general de «hacer el tonto».

○ —How come you two are no longer together?
—Well, the bastard cheated on me. And I suppose **I fooled around** a bit too.

to go pear-shaped
empezar a ir mal

Se utiliza cuando una relación que antes iba viento en popa empieza a ir mal. También se usa en otros contextos: política, trabajo, etc.

○ When did our love **go pear-shaped**?

marry in haste, repent at leisure
cásate demasiado pronto, y te arrepentirás demasiado tarde

Proverbio de mediados del siglo XVI, cuando divorciarse no era tan fácil como ahora. *In haste* indica mucha prisa; *at leisure*, que hay mucho tiempo para arrepentirse del error.

○ —Are you sure you want to get married? **Marry in haste, repent at leisure**; that's what my parents drilled into me. I mean, how long have you known each other for?
—For nine years.

reconciliación

to make up
to kiss and make up
hacer las paces
to get back together
volver (a salir juntos)
to patch things up
poner un parche

Cuatro expresiones que dejan claro que la pareja ha arreglado sus diferencias, aunque a veces, sobre todo la última (*to patch* literalmente significa «poner un parche»), puede ser una solución chapucera.

○ **Patching things up** again just won't do. I think it's about time we split up.

to talk something over
aclarar las cosas

Esta expresión se usa cuando hay intención de solucionar las cosas hablando.

○ —Listen, I think **we** should **talk this over**, don't you?
—What? Patch things up like we did last time?

ruptura

to break up
to split up
romper
dejarlo
to go your own way(s)
ir cada uno por su lado

Todos estos verbos indican una separación más de mutuo acuerdo (o quizá más bien desacuerdo) que los tres siguientes. Los dos primeros son verbos intransitivos. Se dice simplemente *they broke up* o *they split up*.

○ —Listen, I think you're a wonderful person, but I feel that **we should split up**.
—Thanks for letting me know.

to drop
to ditch
to give (someone) a P45
abandonar a alguien
dejar a alguien
darle puerta

Estas tres expresiones son informales e indican que la separación no es precisamente de mutuo acuerdo: *to drop* significa literalmente «dejar caer» y *a ditch* es una cuneta. Queda claro, ¿no? En cuanto a la tercera expresión, en Gran Bretaña, cuando una empresa realiza un despido, entrega al empleado un documento oficial llamado *P45* que tiene que entregar en el equivalente del INEM. En inglés americano esta carta de despido o finiquito se dice *pink slip*.

○ —What's wrong?
—My boyfriend **ditched me**.
—What a prat he is!
—Don't talk about him like that!

to get separated
to get divorced
separarse
divorciarse

Solo aplicables a parejas casadas.

○ Darling, Mummy and Daddy are going **to get separated**, but we both still love you very much.

volver a empezar

footloose and fancy free
libre como el viento
libre como un pájaro
compuesto y sin novio

Significa estar sin compromiso y listo para nuevas aventuras. También es el título de un disco de Rod Stewart de 1977. Muy bueno, por cierto.

○ So now I'm **footloose and fancy free** again.

to let go
pasar página

La persona abandonada debe aceptar la nueva situación y olvidar a su ex. Algo que nunca es fácil, *if you ask me*.

○ —You have to learn **to let go**.
—She's not coming back.

(to have) no strings
sin compromiso
sin ataduras

Si alguien *has no strings* (literalmente «no tiene cuerdas»), es que está disponible y sin compromiso. Cuando se aplica a una compra o una oferta, se traduciría como «sin condiciones».

○ —I find you very attractive. I was wondering, is there anyone... special in your life?
—No, I have **no strings**, at present.

(to be) on the lookout
andar a la caza
ir buscando

Después de todo, uno quiere volver a estar con alguien...

○ No, I'm not going out with anyone at the moment, but I am **on the lookout**.

A NEW BROOM

CAMBIOS

voluntad de cambio

**(to do) an about-face
to turn everything
upside down**
*dar un giro radical
poner algo patas arriba*

La primera expresión es muy común en política cuando una persona, facción o partido empieza a abogar justo lo contrario de lo que decía antes. Se originó en el mundo militar, cuando un batallón se giraba o daba marcha atrás (*about-face* es «dar media vuelta»). Las dos se utilizan para criticar una determinada postura.

○ Why do you want **to turn everything upside down**? If it's so bad, why did you come here in the first place?

(a) new broom
nuevos aires

Una persona con nuevas ideas que pretende cambiar las cosas, «barriendo» lo anterior (de ahí lo de *broom*, «escoba»). Se usa mucho en política después de un cambio de gobierno, por ejemplo, pero también en deporte, en la administración, etc.

○ It is our wish to appoint someone to be a completely **new broom** and make significant changes to the productivity of our office in Spain. Do you believe you're capable of doing that, Ms Sánchez?

to rethink the strategy
replantearse una estrategia

Es la versión políticamente correcta de las dos anteriores.

○ In the light of the lack of success over the last season, as sporting director I feel we need **to rethink** our signings **strategy**. We've spend too much money on a few big names who have not performed to expectations, and I feel we now need to look for younger, less-established talent, the way some of our rivals do.

time for a change
hora de cambiar
época de cambios

Expresión predilecta de los partidos políticos de la oposición cuando las elecciones están a la vuelta de la esquina.

○ —I'm tired of doing the same thing every holiday; same hotel, same village on the coast.
—What are you talking about?
—I think **it's time for a change**; let's go to Bali or Sumatra or somewhere.
—Why? Are you tired of Denia?

no cambiar

better the devil you know (than the devil you don't)
más vale malo conocido (que bueno por conocer)

Expresa la idea contraria de *a new broom*: una persona en contra de las nuevas ideas y que no acepta los cambios. Traducción casi literal en español.

○ —Giovanni has just been named head of the design department, did you know? But maybe **it's better the devil that you know**.
—Maybe.

**if it ain't broken,
don't fix it**
*si funciona, ¿para qué
cambiarlo?
mejor no menearlo*

Refleja la idea de no hacer cambios si aquello de lo que se habla (sea lo que sea) ya funciona. *Ain't* es una forma no estándar de *isn't*. Uno de los diálogos entre Woody Allen y Helen Hunt en la película *La maldición del escorpión de jade* (2001) dice algo así:

○ —I've been appointed to make some changes around here.
—Hey, you know what? I say, **if it ain't broken, don't fix it**!

let sleeping dogs lie
*dejar las cosas como están
no buscarle las pulgas al perro
no hurgar en la herida*

Este dicho se conoce desde el año 1385, cuando el poeta Chaucer lo reprodujo en *Troilo y Crésida*. Su origen hay que buscarlo en la sabiduría popular, pues la gente aprendió que no conviene meterse con un perro que duerme. Hoy es muy común y se utiliza para hablar de situaciones de paz aparente, cuando alguien no quiere tocar determinado tema para que no resurjan antiguos problemas.

○ Some people want justice for the crimes committed during and after the civil war, others just want **to let sleeping dogs lie**.

**let's cross that bridge
when we come to it**
cada cosa a su tiempo

Sirve para expresar que no conviene precipitarse, no adelantar acontecimientos, es decir, no empezar a preocuparse por algo que todavía no ha ocurrido.

○ —Hang on; we've only been together for three weeks. You're talking about living together already. I say: **let's cross that bridge when we come to it.**
—Oh, I see. I thought...

a stick in the mud
inflexible
chapado a la antigua
troglodita

Solo hay que imaginarse lo que dice esta expresión literalmente: un palo (*stick*) en el barro (*mud*), que se queda hundido y ya no hay quien lo saque de allí. Se usa para criticar una actitud conservadora. Expresa lo contrario de *a new broom*, es decir, una persona que se opone por sistema a las nuevas ideas y va en contra de cualquier tipo de cambio. En la película *An Education* (2009), Peter Sarsgaad (David) le dice a Alfred Molina (Jack, el padre de la joven Jenny) algo así:

○ Now, Jack, your daughter thinks
you're a bit of **a stick in the mud**,
but it's not really true, is it? Because
if you were, she wouldn't be
what she is, would she?

FEEL THE FEAR AND DO IT ANYWAY

CORAJE, AMBICIÓN O MIEDO

(as) bold as brass
hecho un gallito
con toda la osadía
muy chulito
¡pa(ra) chulo, yo!

Una persona es *bold as brass* cuando le sobra la confianza en sí misma, quizá hasta el punto de resultar arrogante. *The brass* (la hojalata) se consideraba hace unos siglos un metal que brillaba mucho y que daba una buena imagen. Se usa sobre todo en Gran Bretaña.

O You came in here, **as bold as brass**, talking as if you owned the place, when if fact you were nothing more than just another worker, like the rest of us!

to chicken out
echarse atrás
rajarse
cagarse*

Igual que en español, en inglés *chicken* (gallina, pollo) se asocia a la cobardía.

O —Wasn't your brother going to come too?
—Yeah, but he **chickened out** at the last minute.

feel the fear and do it anyway
valor y al toro

Más que un refrán es casi un mantra. Se emplea para admitir el miedo y así poder superarlo.

O —There's someone at work I really like, but the truth is I'm frightened to ask her out.
—The worst she could say is no, isn't it?
—Suppose so.
—So, **feel the fear and do it anyway**.

to jump at the chance
coger la oportunidad al vuelo
no dejar escapar una
oportunidad

Expresión que describe el hecho de entrar en acción y lanzarse al objetivo sin dudarlo, como si fuera un sueño anhelado durante mucho tiempo.

○ Although Tania was one of the younger members of staff, when a managerial position was advertised she **jumped at the chance**.

to pluck up the courage
armarse de valor

Expresión perfecta para utilizar en el momento en que uno necesita reunir (*to pluck up*) todo el valor de que dispone para enfrentarse a un tema espinoso, tomar una decisión difícil o dar un paso importante. Se construye así: *pluck up the courage + to do/and do + something*. También se puede decir *to take one's courage in both hands*.

○ —Have you had that conversation with your father yet? You know the one I mean.
—Not yet. I haven't been able **to pluck up the courage** yet, but I'll try to talk to him this weekend.

(to be) up for it
estar dispuesto
estar por la labor

To be up for it expresa ganas, ambición y confianza ante cualquier desafío o aventura.

○ —We're going trekking this weekend in the Pyrennes. It's a seven-hour trek on Saturday, sleeping in a mountain refuge, then a five-hour walk on Sunday. Are you **up for it**?
—Wow, sounds great. Can I let you know tomorrow?

HANG ON IN THERE

AGUANTAR EL TIPO

every (dark) cloud has a silver lining
no hay mal que por bien no venga

Significa que detrás de una nube negra (*dark cloud*) sigue brillando el sol, ya que se intuye un borde plateado (*silver linning*).

○ I know it's bad news losing your job like that, but with the cash they're giving you, you could do that Master's that you've been talking about doing for years. You know, **every dark cloud has a silver lining**.

to hang on in there
aguantar
to stick to one's guns
mantenerse firme
mantenerse en sus trece
to weather the storm
capear el temporal
to step up to the plate
coger el toro por los cuernos

Cuatro formas de animar a alguien a aguantar el tipo en situaciones complicadas. Las dos primeras se usan sobre todo en forma de imperativo. La tercera se usa mucho en pasado. La cuarta viene del béisbol, describe el momento en que el bateador sale al pentágono y sube a la base (*plate*) para golpear la bola que le lanzará el *pitcher*.

○ We've been in situations like this before, and if we're careful and work as a team, we can **weather the storm**.

to take it on the chin
aguantar el tipo
encajar un golpe
aguantar el chaparrón

Viene del mundo del boxeo, encajar el golpe en la barbilla (*the chin*). Se utiliza para describir una actitud estoica ante las críticas.

○ You've got to admire her courage. In front of a very hostile press, she **took it** all **on the chin**.

SHIT HAPPENS

DESAFÍOS Y PROBLEMAS

(to be) in deep water
(estar) hasta el cuello (de problemas)

(to be) in deep shit*
*(estar) con la mierda hasta el cuello**

In deep water se refiere literalmente a estar metido en aguas profundas y peligrosas. *In deep shit* es una experiencia parecida, solo cambia el medio en el que uno está sumergido; obviamente, la segunda es mucho más vulgar.

○ 1) I'm **in deep water**; I promised to help them but I suspect what they're doing is illegal.

2) We've borrowed more money than we can afford to pay back. We're **in deep shit**.

(to be) in dire straits
una situación desesperada en un momento crítico

Esta expresión se decía cuando un barco pasaba por un estrecho (*strait*) y corría el riesgo de chocar contra las rocas. Con el tiempo se aplicó, en general, al peligro de hundirse de forma inminente en una tormenta. Hoy en día se usa en contextos diversos, para describir situaciones límite o momentos críticos. Precisamente en uno de esos momentos críticos fue cuando Mark Knopfler fundó su grupo de música.

○ They knew their marriage was **in dire straits** and would probably not survive.

to go through a rough patch
estar pasando una mala racha

Es informal y muy común, y puede aplicarse a todo tipo de situaciones, como en español. En el contexto del juego, «una mala racha» se dice *a losing streak*.

○ **I'm going through a rough patch** at present, with the divorce and everything, but I know I have good friends around me who I can phone after midnight.

to hit an obstacle/a rock
dar con un obstáculo
to come unstuck
fracasar
irse al garete
to suffer a setback
sufrir un revés

La primera expresión se usa para describir situaciones adversas. En *to come unstuck* queda patente que la cosa no tiene remedio. La tercera es literal en español.

○ —We were trying to set up a company together, but **we came unstuck**.
—What went wrong?

life's not a bowl of cherries
la vida no es un camino de rosas
la vida no (siempre) es de color de rosa

My momma always used to say that life is like a box of chocolates; you never know what you're gonna get, dice Forrest en la película *Forrest Gump* (1994). La mayoría de las madres, sin embargo, suelen ser más pesimistas y se decantan más bien por comparar la vida con un bol de cerezas.

○ The recession that struck the financial sector in the US and then the whole world in 2008 should have made Wall Street realize that **life is not a bowl of cherries**, but only time will tell if the lesson has been learned.

(to be) more trouble than it's worth
no valer la pena

Algo que no es tan interesante como para que valga la pena hacer un esfuerzo extra. También se dice *not worth the trouble*.

○ —Hello, is that the Vesuvio restaurant? I know you're normally closed on Mondays, but if I brought a group of six people, would you open for us next Monday?
—Six people? Hmm... to be honest, for only six people I think it might be **more trouble than it's worth**.

(it) never rains but it pours
las desgracias nunca vienen solas
siempre llueve sobre mojado

En inglés existe un léxico muy amplio y variado para describir los distintos tipos de lluvia. Por ejemplo *pour* es «llover a cántaros». Vamos, que no solo te llueve encima, sino que encima está cayendo con ganas.

○ —How was the holiday?
—Great, apart from the fact that our flight was cancelled, we got robbed and my husband got food-poisoning and spent a week vomiting. Oh, and the kids fought all the time.
—**Never rains but it pours**, eh?

(to be) not for the faint-hearted
no apto para cobardes

Esta expresión se utilizaba para referirse a las aventuras coloniales del siglo xix y aún queda algo literario y culto en ella. Hoy en día se usa para describir cualquier situación temeraria (como escalar una montaña) o para avisar a alguien de lo que se avecina.

○ Even if you're into risk sports, this one is definitely **not for the faint-hearted**.

to run into a problem
to run into a snag
toparse con dificultades
dar con un obstáculo

Dos formas de decir que hemos topado con un escollo. Se pueden aplicar a una situación o idea del pasado, presente o futuro, en multitud de contextos.

○ We've run into a problem; the restaurant you want for the event is fully booked that evening. They **ran into a snag** when they realized that they would need permission from the European Commission for the project.

to screw something up*
*cagarla (a base de bien)***
fastidiarla

Para indicar de forma muy clara y sin rodeos que alguien es responsable de una situación bien jodida. También existe una versión intransitiva, *I screwed up* (sin *it*).

○ —How did it go with Olivier?
—Bad. I think **I screwed it up**.

(to be) up shit creek*
(estar) enmarronado
hasta el cuello de mierda

Es muy parecida a *in deep water, in deep shit, in Shit street* o *in/on dire straits. Creek* significa «arroyo» y *shit* es «mierda», o sea, que juega con la idea de que *shit creek* es el nombre de un lugar. Existe una versión más larga: *up shit creek without a paddle* (sin remos). Es muy informal.

○ If you lose your job when you're over 50 years old, you're really **up shit creek**.

shit happens*
cosas que pasan
así es la vida
*a joderse y a aguantarse***
*ajo y agua***

Expresión vulgar, pero profundamente filosófica. Volvemos a una referencia anterior, la dice Forrest Gump en su película, cuando hace la maratón de costa a costa. Y la luce en su camiseta, como si de un lema de vida se tratara.

○ —My presentation in class didn't go well;
I was nervous, and the slides didn't look
clear enough. And I'm not going to pass
the subject.
—Oh well, **shit happens**.

in a (right) stew
in a pickle
in a spot
in a jam
in a fix
estar en un lío
meterse en un berenjenal
meterse en jardines

Un *stew* es un estofado y *pickle* se refiere a
las conservas en vinagre. Se supone que nin-
guno de los dos es un lugar apto para que
se meta una persona... Y tampoco la merme-
lada (*jam*) debe ser un lugar donde uno se
mueva cómodamente. Las dos primeras son
inglés británico e irlandés. El resto son expresiones americanas.

○ Come on, guys! If we can't even decide
who's doing which parts of the presentation,
we'll be **in a right stew**. We're going to
have to present this on Friday! And it's
part of our end-of-course assessment!

a sticky wicket
situación engorrosa
mal paso
marrón

Expresión del inglés británico informal, pero
que puede decirse ante gente más sensible y
culta. Las reglas del deporte del cricket son
largas de explicar, pero el *wicket* es la parte
del campo donde se desarrolla la mayoría del
juego. Para los jugadores es más difícil jugar
si el césped está pegajoso (*sticky*). Se usa, por
tanto, para referirse a cualquier situación
fangosa o desagradable. Incluso las situaciones más deplorables de la guerra se pueden
describir con esta frase.

○ —How was the holiday with your wife's
family?
—Bit of **a sticky wicket**, actually.
They're all fighting over some
inheritance. I was glad to get away.

(to be) in/on Shit Street*
con la mierda hasta las orejas*
bien jodido*

Estar «en la calle de la Mierda» no es agradable. Puede construirse con *in* o con *on*.

○ My partner's lost his job, and we've got nearly 1,000 euros to pay every month on the house, on my salary alone. If he can't get a job quickly we're **in Shit Street**.

what a cock-up*
balls-up*
menudo marrón
menuda cagada*

Dos expresiones muy callejeras para describir un desastre causado por la mano humana.

○ —How was the picnic?
   —**What a cock-up**! Nobody knew how to find the place and some people didn't get the confirmation email.

what's the snag?
¿qué pega hay?
¿cuál es el problema?
where's the catch?
¿dónde está la trampa?

Tanto *snag* como *catch* hacen referencia a un problema (véase *run into a snag*), aunque *catch* se traduciría como «trampa» o «engaño». *What's the catch?* se usa cuando en una situación intuimos que hay gato encerrado.

○ 1) But you said you'd have our order ready for delivery to the client by today. **What's the snag?**

2) So if we just attend this presentation, we get a free weekend in Paris? **Where's the catch?**

FAMOUS LAST WORDS

DESTINO

as chance would have it
casualmente
da la casualidad de que
y quiso la suerte que

Expresa lo que la casualidad depara en un instante determinado. La entonación asciende de forma clara, preparando al oyente para la información clave. Puede ir tanto al principio como al final de la frase.

○ **As chance would have it**, we were both in Berlin at the same time.

come rain or (come) shine
pase lo que pase
caiga quien caiga

Subraya la determinación de seguir adelante con lo programado, pase lo que pase. Se utiliza en contextos que no tienen nada que ver con la meteorología.

○ The Opening Ceremony will go ahead according to plan, **come rain or come shine**.

come what may
pase lo que pase
venga lo que venga

¿Te acuerdas de aquel pobre escritor, encarnado por el actor Ewan MacGregor, que cantaba una larga canción de amor fiel pero triste a Nicole Kidman en la película *Moulin Rouge*? La canción se titula *Come what may*. Claro, el pobre sabía que la artista tenía a un magnate como pretendiente, y que además ella se estaba muriendo de tuberculosis...

○ I will always love you, **come what may**.

don't tempt fate
no tentar a la suerte
don't speak too soon
no hablar demasiado pronto
don't push your luck
no te la juegues

Tres expresiones muy transparentes, las dos primeras existen literalmente en español.

🔘 —I don't think we can lose now!
—**Don't tempt fate**; there's a long way to go yet.

famous last words
¡sí, créetelo!
¡para qué habré dicho nada!
la próxima vez me callo
eso, por hablar

La voz del eterno pesimista. Alguien le acaba de decir que las cosas van viento en popa y saldrán a la perfección, pero él no comparte su optimismo y lo expresa con estas tres palabras contundentes. También sirve para hablar de uno mismo ante una situación en la que debería haberse mordido la lengua.

🔘 1) —Ladies and gentlemen, this is the beginning of a new era, of peace and prosperity.
—**Famous last words**.
—What was that?
—I said: Forever onwards.

2) I promised to myself never to contact her again as long as I lived, but –**famous last words**– after a year I found an excuse, her birthday, to get in touch again.

for better or (for) worse
para bien o para mal
nos guste o no

Frase de la ceremonia matrimonial, mediante la cual la pareja se compromete para los buenos (*better*) y los malos (*worse*) momentos que puedan llegar. Hoy en día se usa también fuera del contexto del matrimonio, sobre todo en situaciones de futuro incierto.

🔘 You married me **for better or worse**, remember?

if push comes to shove
en el último extremo
si las cosas se complican
a (las) malas

Expresa la búsqueda de alternativas ante una situación que tiene pinta de complicarse.

○ —I think we have enough staff for a wedding of 100 guests, but now they're saying that there might be an extra 50 guests. In that case we'd be short of kitchen hands and waiters. So, **if push comes to shove**, can we count on you for five more waiters?
—Naturally.

it'll be alright on the night
(al final) todo saldrá bien

La expresión preferida de los eternos optimistas.

○ —How are the wedding preparations going?
—Well, Almudena's family are fighting about who's going to sit where at the reception, the priest is angry that I'm not a Catholic, and the air-traffic controllers' strike means that most of my family and friends won't be able to get here from Canada. Apart from that, fine.
—Don't worry, **it'll be alright on the night**.

we'll live to regret that
un día nos arrepentiremos
nos arrepentiremos
toda la vida

Habló el ave de mal agüero. Existe otra versión: *You'll live to regret saying/doing that.*

○ —Please cast your votes now, members....
And the motion is passed, by 49 votes to 40, with 11 abstentions.
—Hmm... I think **we'll live to regret that**.

what goes around, comes around
cría cuervos (y te sacarán los ojos)
cada uno recoge lo que siembra

En esta vida, todo pasa factura.

○ —Guess who the head of department is in my new job? Someone who I sacked in my previous job.
—**What goes around, comes around**.

NEEDS MUST

(I) could use
no me vendría mal

En esta expresión *could use* se refiere simplemente a lo que te pide el cuerpo, por ejemplo *a beer, some sleep...* (una cerveza, dormir un poco...). Pero también puede expresar otro tipo de necesidades: un poco de suerte, una ducha caliente, unas vacaciones... Es una expresión informal norteamericana, típica del cine negro; la utilizaba Humphrey Bogart, por ejemplo.

○ Hey, fella, you look like you **could use** some sleep!

necessity is the mother of invention
el hambre agudiza el ingenio

Si se tiene la necesidad de algo, seguro que se encuentra la manera de hacerlo.

○ —Camping in the mountains with no electricity, no wifi cover, no mobile cover? Ouch!
—Well, it meant that we had to invent our own entertainment, and it was fine. You know, **necessity is the mother of invention**.

needs must
la necesidad obliga

Indica que es absolutamente necesario hacer algo.

○ —Do we really have to sell the apartment in Vall d'Aran?
—I'm unemployed now. **Needs must**.

to bide one's time
aguardar el momento oportuno
esperar la hora propicia

Bide es una palabra que actualmente no se utiliza, significaba «esperar». Ha sobrevivido únicamente en esta expresión.

○ The Roman emperor Augustus had an intelligent, ambitious woman for a wife, Livia. She plotted the advancement of her side of the family, but carefully and tactically, **biding her time** with infinite patience, great skill and greater cruelty.

to hang fire
interrumpir
suspender
poner el freno
dejar en stand by

Esta expresión literalmente significa «alto el fuego». Proviene del mundo militar.

○ —Tell all the operators to **hang fire** on cold calls to potential new subscribers, for the time being.
—How come?
—We've had another complaint from the Consumer Rights Association.

hang on
espera

En su disco *Unplugged* Eric Clapton dice *Hang on! Hang on!* (aunque con acento *cockney*, sin pronunciar la h) cada vez que el grupo empieza una canción antes de que él esté preparado.

○ … no, the thing is that neither of us… **hang on**, someone's at the door, don't go… Yes? …

hold it!
hold your horses!
¡para!
¡espera un momento!
¡para el carro!

Dos formas muy directas de pedirle a alguien que se detenga o deje de hacer algo.

○ —Now, if you please sign here, you can have the keys in a few days.
—**Hold it!** I didn't say we were going to buy.

just a sec(ond)
wait/just a minute
un segundo
espera un momento

En inglés norteamericano se usa más bien *wait* y en británico *just*, pero ambas quieren decir lo mismo.

○ —Okay, we'll all have dinner together on Saturday night at 10pm. **Just a sec**, did you say Saturday night? You do realise that Real Madrid are playing Barça then, don't you?
—And is that a problem?

we're going to have to think about that
we're going to have to look into that
lo pensaremos
lo investigaremos

Para meditar algo sin prisas.

○ —What about the idea of being open seven days a week, to attract more business?
—**We're going to have to think about that**. It's too soon to decide.

actuar

actions speak louder than words
obras son amores (y no buenas razones)
el movimiento se demuestra andando

Esta expresión aboga por actuar. La contraria sería *the pen is mightier than the sword*, que aboga por hablar o escribir antes de actuar.

○ Look, we've been talking about this for weeks and we've achieved nothing. It's time to act, because **actions speak louder than words**.

devil take the hindmost!
every man for himself
¡sálvese quien pueda!

Dos incitaciones a salvar el pellejo sin mirar atrás. Se usa mucho en el mundo de los negocios y en política. Sorprendentemente *every man for himself* ha resistido la marea de *political correctness* y no dispone aún de versión no sexista.

○ Maybe you get points for teamwork at university, but once you're out there in the real world, it's **every man for himself**.

full steam ahead
a todo vapor
a toda marcha
a toda mecha

Expresión informal que proviene de los barcos de vapor (*steam* significa «vapor») e indica un movimiento imparable hacia delante.

○ —**Full steam ahead**!
—Yes, captain.
—This is going to be the fastest-ever crossing of the Atlantic, and on the ship's maiden voyage too! I want April 1912 to go down in history; do you hear me?
—Yes, captain. Full speed ahead it is.

to grasp the nettle
coger el toro por los cuernos
to bite the bullet
hacer de tripas corazón
poner el pecho a las balas

Hay una ligera diferencia entre estas dos expresiones: la primera se refiere a ponerse en marcha para lidiar con una situación desagradable (por cierto: *grasp the nettle* significa literalmente «agarrar la ortiga», que como es bien sabido requiere una buena dosis de valor). *To bite the bullet* significa aceptar una situación dolorosa o desagradable y tratar de vivir con ella. El origen de la expresión está en el ejército, pues en ocasiones los médicos tenían que operar sin anestesia y le daban al paciente una bala (*bullet*) para que la mordiera y pudiera pasar mejor el trance.

○ 1) Nobody here wants a 5% pay cut, but with the situation the way it is, we have to **grasp the nettle**.

2) Are you going to **bite the bullet** or let someone else take the blame for what you did?

to knuckle down
ponerse en serio
arremangarse
to make an effort
hacer un esfuerzo
esforzarse

Dos expresiones para hablar de algo que requiere un esfuerzo considerable. Se construyen así: *to knuckle down* (+ *to* something), *to knuckle down* (+ *and* + verbo), *to make an effort* (+ *to* + verbo).

○ 1) You know you've got your final exams in six months, so if you want to get into university, you'd better **knuckle down** and start studying now.

2) If you don't **make an effort** to get on with the rest of the staff, you won't last long in this job.

let's go for it
a por ello

Expresión informal que se usa en el momento de tomar la decisión de actuar. El énfasis recae en *go*.

○ —Look, here's a good offer; 12 days in Sicily for 750 euros!
—Wow! **Let's go for it**!

to meet the/a challenge
encarar un reto
enfrentarse a un desafío
to rise to the challenge
estar a la altura

Menos gráficas pero con un significado muy parecido a *to grasp the nettle* y *to bite the bullet*. La diferencia es que en este caso el desafío al que hacen referencia no es obligatoriamente desagradable.

○ 1) The President promised the nation that the USA would **meet** this **new challenge** head-on.

2) This is the hardest match in the tournament, but our team can surely **rise to the challenge**.

to play it by ear
to take something
as it comes
improvisar sobre la marcha

To play it by ear viene del mundo de la música (literalmente significa «tocar de oído»). Es decir, falta la partitura pero hay que improvisar igualmente y seguir la melodía.

○ We don't know what they're going to ask for, so let's just **play it by ear**.

to seize the day
aprovechar el momento
carpe diem

Una versión más culta de *let's go for it* o de *strike while the iron is hot*. Esto es lo que decía Robin Williams a sus alumnos en la película *El club de los poetas muertos* (1989) para motivarles y que aprovecharan el ahora: "Carpe, carpe diem, *seize the day boys, make your lives extraordinary*".

○ There's a lot of public and media interest in alternative technologies at the moment. For a company as well-placed as ours in the sector, ladies and gentlemen, it's a case of **seize the day**.

**to strike while
the iron is hot**
la ocasión la pintan calva

Metáfora procedente del mundo de los herreros (*blacksmiths*): cuando el hierro está candente es el momento exacto de dar el golpe (es decir, hay que actuar en el momento propicio). En cuanto al dicho en español, tiene un origen muy interesante. Resulta que la diosa grecorromana Ocasión se representaba como una hermosa mujer alzada de puntillas sobre una rueda de carro y con una abundante melena en torno a la frente pero totalmente calva o rapada por detrás. Con ello pretendían expresar lo efímero de su paso, la brevedad de la buena suerte, el giro constante de la rueda de la fortuna y la imposibilidad de asirla por los cabellos una vez que la ocasión pasaba de largo.

○ At this time of year, a lot of people are interested in starting new courses or taking up a new activity. Don't wait three months; **strike while the iron is hot**.

FAIR'S FAIR

ÉTICA Y CORRECCIÓN

ético, correcto

above board
kosher
legítimo
en regla
legal

Above board significa «honrado», «sin trucos», «legal», justo lo contrario de *under the table*. La segunda es una referencia a los preceptos de la religión judía que trata de lo que los practicantes pueden y no pueden ingerir. Si algo es *kosher*, se puede comer. Por extensión, *kosher* es todo aquello legal, genuino, verdadero, etcétera.

○ —Are you sure this deal is **above board**?
It seems too good to be true.
—Oh, it's absolutely **kosher**.

to blow the whistle
on somebody
delatar
chivarse
denunciar a las autoridades
poner fin a una injusticia

Hubo una época en que la policía utilizaba silbatos (*whistles*) para advertir. *To blow the whistle on somebody* tiene un sentido de denuncia a la autoridad o a la prensa, se informa de algún hecho irregular (como un escándalo político) para que se ponga fin a ello. El que lo hace es un *whistle-blower*. El énfasis recae en *blow*, *whistle* y se da el nombre del maleante.

○ She **blew the whistle on** the town mayor, who for years had been profiteering from the sale of land for development.

to do/to play something by the book
cumplir algo a rajatabla
seguir las reglas
ceñirse a las normas

Esta expresión sirve para indicar que se van a respetar los protocolos, las leyes, lo establecido; que se va actuar según las normas.

○ Let's **play** this **by the book**. If we want to sign a player under contract, we have to approach his club first and ask if we can talk to him. We want to avoid what happened to Chelsea.

to do the right thing
hacer lo correcto
hacer las cosas como Dios manda

Se utiliza como consejo o advertencia. También es el título de una película de Spike Lee de 1989. Ambientada en uno de los barrios más humildes de Brooklyn, narra una historia de prejuicios y tensiones intercomunitarias exacerbadas a lo largo de un caluroso día de verano.

○ I heard the shouts from next door, and I was sure he was beating her again, so I decided I had **to do the right thing** and phone the police.

fair's fair
concedido

Ante una situación en la que existe la tentación de no admitir que uno está equivocado, se dice *fair's fair* para ceder ante un repentino impulso de hacer lo correcto.

○ Okay, okay, okay, **fair's fair**. I know I was wrong not to ask you first before going ahead and doing it, I'm sorry, but I still think it was the right decision.

sin involucrarse

see no evil, hear no evil, speak no evil
ver, oír y callar en boca cerrada, no entran moscas

Esta expresión significa que es mejor evitar que salgan a la luz noticias negativas o para ignorar lo malo que ocurre alrededor de uno.

○ When the prime minister visits countries that have a poor human rights record on a trade mission, it's usually a case of **see no evil, hear no evil, speak no evil**.

no ético, incorrecto

below the belt
golpe bajo

Es una acción hecha a traición, con mala intención. Su origen está en el mundo del boxeo, donde golpear al contrario por debajo del cinturón (*belt*) está prohibido. Hoy en día se usa para referirse a cualquier golpe bajo, sobre todo verbal.

○ —It seems that he told his rival candidate that some information about his past had come to light, and that it would be embarrassing for the other candidate if that information got into the media.
—That was a bit **below the belt**, wasn't it?

scot-free
salir impune
irse de rositas

Scot-free no tiene nada que ver con Escocia. Desde el siglo XIII hasta principios del XIX, un *sceat* (que luego se llamaría *scot*) era un impuesto que pagaban los pertenecientes a la clase media y que les daba la posibilidad de votar o incluso de ser miembros del Parlamento (solo a los varones, por supuesto). Si uno salía de algo *scot-free* literalmente significaba que no había pagado ese impuesto, pero actualmente ha derivado en que no te han pillado o, si así fuera, no te van a castigar. Se forma con *to get off* y con *to get away with something*.

○ —You're telling me he stole 25 million Euros from a charitable cultural institution, and he's not even doing to prison? Will he **get off scot-free**?
—Depends on his lawyer.

to turn a blind eye
hacer la vista gorda

Significa hacer como que uno no ve una cosa o un comportamiento que sabe que es incorrecto o cuanto menos censurable.

○ It seems that for years some other politicians and bureaucrats in the City Council were aware that the Mayor was making money out of land redevelopments and construction projects, but **they turned a blind eye** to it.

to stab someone in the back
dar una puñalada por la espalda

Expresión muy gráfica e idéntica a su equivalente en español.

○ But I don't want to leave my own house and go and live in some geriatric home! This is a fine thing; to have my own children **stab me in the back** like this! All those years I looked after you three!

under the table
bajo cuerda
bajo mano
en negro

no questions asked
sin más explicaciones
discreción absoluta

fishy
sospechoso
huele a chamusquina

Under the table significa resolver un asunto de manera clandestina, sin facturas, sin impuestos. De hecho, la imagen de efectuar un intercambio de papeles por debajo de una mesa para que no lo vea nadie habla por sí sola. Es lo contrario de *above board*. El significado de *no questions asked* es bastante claro (y ambas partes están de acuerdo).

○ —I think I can help you out, but it's going to be $50,000, **under the table**. Are you okay with that?
—It sounds a bit **fishy** to me, but... okay then.

IT'S NOT MY CUP OF TEA

GUSTOS PERSONALES

me gusta

hooked on
enganchado
I just can't get enough (of something)
no me canso (de algo)

Ambas expresiones indican una adicción a algo, pero de buen rollo. Igual que la canción de la emperatriz del blues, Bessie Smith (1894-1937), que cantaba *I can't get enough of that thing* cuando el blues estaba mal visto por los blancos debido a su vulgaridad.

○ Honey, **I just can't get enough of** your love.

out of this world
increíble
fantástico
state-of-the-art
último modelo
de vanguardia
cutting edge
puntero
as good as it gets
mejor imposible
a hard/tough act to follow
dejar el listón (bien) alto
ser (algo) difícil de igualar

Cinco maneras de describir algo sobresaliente. Por cierto, una persona puede ser *out of this world*, pero no *state-of-the-art* ni *cutting edge*, salvo en un aspecto profesional, como por ejemplo *a cutting-edge designer*. *A hard act to follow* se empezó a usar en el mundo del espectáculo para referirse al hecho de que nadie quería salir al escenario después de una gran actuación. También se usa para referirse a alguien a quien a uno no le gustaría emular.

○ —Are you going out with anyone now?
—Not really.
—You're **a hard act to follow**, you know.

(this place) rocks!
(este sitio) se sale

Expresión muy actual que se refiere a un lugar, una persona, una actuación, etc., excepcional.

○ Get over here as soon as you can!
  This place rocks!

the bee's knees
el no va más
the dog's bollocks*
la polla*
cojonudo*
la hostia*

Expresiones informales para referirse a algo que es "lo más". *The bee's knees* nace en Estados Unidos, pero su uso está muy extendido. *The dog's bollocks* (literalmente son «los cojones del perro») se usa en inglés británico. Se supone que viene del hecho de que los testículos de un perro sobresalen mucho, pero a saber...

○ —Where do you get all the ingredients for this dish?
  —At a Chinese supermarket near the port. They have everything.
  —Hmm... sounds like **the bee's knees**.

(to be) really into something
darle fuerte por algo

Frase que surgió en la década de los setenta para hablar de aficiones o de algo que uno seguía fervorosamente. Hoy se usa para expresar que algo te gusta de manera puntual.

○ —What were you into when you were 20 years old?
  —**I was really into** Hinduism and Bob Dylan above all.

the real McCoy
(del) de verdad
(del) auténtico

Algo que es auténtico y genuino, no una copia. El nombre viene de Kid McCoy, un boxeador norteamericano que quería diferenciarse de otro pugilista que tenía su mismo apellido.

○ —Are those jeans **the real McCoy**?
  —I got them in a street market in Thailand, so I suppose not.

ni fu, ni fa

as good as it gets
podría ser mejor
tiene sus límites
justito

Se usa para una cosa excelente (véase también *as good as new*) y para algo mediocre, como diciendo «¿y qué esperabas, tío?».

○ —I'd like you to listen to this recording my
band made. Tell me what you think, honestly.
(...)
—Well, Carlos, is that **as good as it gets**?
—I didn't want you to be quite that honest!

I don't mind
me da igual

Forma cortés de expresar que cualquiera de las opciones que se han ofrecido van bien.

○ —Beer or wine?
—**I don't mind**.

it makes no difference
da igual
da lo mismo

Forma estándar de expresar que cualquiera de las opciones ofrecidas va bien o no va a afectar a un determinado resultado.

○ —Which is the quickest road to get to IKEA?
—**It makes no difference**; they both
come out to the same place.

(to be) much of a muchness
tres cuartos de lo mismo
**six of one, half a dozen of
the other**
lo mismo da que da lo mismo
swings and roundabouts
lo que se pierde por un lado,
se gana por el otro

Tres formas idiomáticas para expresar que, ante las opciones ofrecidas, el resultado final será el mismo. La tercera es curiosa ¿no?, «columpios y rotondas».

○ —Which of those wines did you like the most?
—They were **much of a muchness**, actually.
Both okay without being anything special.

run-of-the-mill
común y corriente
del montón

The run se refiere al producto que salía molido directamente del molino antes de separarlo por su calidad. Es decir, un producto normalito, del montón. (Véase *bog standard*.)

○ It's a **run-of-the-mill** comedy about two strangers who detest each other at the start of the film, but by the end they've fall in love.

no me gusta

(a bit of a) bummer
vaya palo
qué rollo
un peñazo

Expresión del argot *hippy* de los años sesenta y se aplica a cualquier situación desagradable. Es más bien informal, colega.

○ —I'm gonna have more free time from now on.
—Why? You haven't lost your job, have you?
—Yeah, last Friday. Four of us were told we needn't come on Monday. Just like that!
—That's **a bit of a bummer**, eh?

I wouldn't touch it with a barge pole
no lo querría ni regalado

Barge es una barca grande para transportar personas o cosas por un río, y *pole* es la percha que dirige el barco. Pues bien, ni con ese palo tan largo querría tocar lo que me dan.

○ —I think Tom really likes you.
—But I **wouldn't touch him with a barge pole**.

(it's) not my cup of tea
no es santo de mi devoción
no es lo que más me gusta

Siempre con el *not* por delante, esta es una forma clara, pero de exquisita educación, de decir que algo no va con uno. Por descontado, no se puede sustituir *tea* por otra bebida.

○ —What do you think of Tarantino as a director?
　—Hmmm... **not my cup of tea**.

not my idea of...
not much of a...
no es precisamente...
menudo...
pues vaya...

Se construye con *it is/was* + *not my idea of* + (algo bueno), o *it is/was* + *not much of a/an* + (algo bueno).

○ It **wasn't much of a** media event; almost nobody was there.

one man's meat is
another man's poison
para gustos, los colores
sobre gustos no hay nada
escrito

Proviene del latín y se usa en inglés escrito desde el siglo XVI. *Meat* se refería a cualquier tipo de comida o alimento, no necesariamente «carne».

○ I don't how today's kids can drink those blends of coke, cheap wine and spirits, but you know, **one man's meat is another man's poison**.

pet hate
bug bear
lo que más odio
manía
tírria

Se usa para cosas cotidianas que carecen de importancia. En americano, *pet peeve*.

○ —What's your **pet hate**?
　—People leaving the cap off the toothpaste tube.

what a drag!
¡qué rollo!

¿Quién se acuerda de la canción de los Rolling Stones "Mother's little helper" en la que dice *What a drag it is getting old!*? Pues eso, qué rollo es hacerse mayor.

○ —Why isn't the air-conditioning on?
　—It's not working today.
　—**What a drag!**

EASY COME, EASY GO

IMPORTANTE O NO importante

(to be) key
(ser) clave
the key question/issue
asunto clave
factor clave

Adjetivo y sustantivo, *key* (llave) es una palabra concisa que se usa en un sinfín de contextos y nunca queda mal.

○ For people's perceptions of politicians, the role of the media is **key**.

(to be) of the utmost important
(ser) de suma importancia
(to be) absolutely vital
(ser) indispensable
(ser) esencial
(ser) vital

Dos expresiones que se usan mucho en el trabajo. Por su significado parece que se usen en momentos de peligro extremo, pero en realidad se usan en cualquier situación. Es inglés estándar.

○ **It's absolutely vital** to have this information in the system by the first working day of every month.

(to be) not negotiable
no es negociable
(to be) not open to debate
es indiscutible

Dos expresiones que se usan mucho en política, en negociaciones e incluso en algunas escenas domésticas. Su registro es inglés estándar.

○ —And the question of full independence?
—I'm afraid that's **not negotiable**.

menos importante

don't sweat the small stuff
*no te agobies por tan poco
no te angusties por
pequeñeces*

Expresión que insta a tener claras las prioridades y no perder el tiempo en cosas pequeñas (*small stuff*).

○ —But what if not everyone is there on time?
—Hey, come on! **Don't sweat the small stuff.**

to make a mountain out of a molehill
*hacer una montaña de un
grano de arena*

Es una locución para exagerar. Se muestra algo como si fuera muy serio cuando no lo es. *Molehill* es la «madriguera de topo».

○ —Sometimes these people almost want to be offended; the smallest comment about articles of their religion gets them crying for blood.
—I agree, **making a mountain out of a molehill** seems to be their speciality.

(to be) neither here nor there
(eso) no viene al caso

Se dice cuando lo que acaban de decir no tiene nada que ver con lo que se discute.

○ —I couldn't find where you put the most recent gas bills.
—That's **neither here nor there**. The problem is with the telephone bill, not the gas.

no fuss
*tranqui
no te compliques*

Expresión informal para indicar que uno no necesita gran cosa: con poco se conforma.

○ —Maybe you'd like a beer, or some wine, or I could make some coffee
—**No fuss**, really. Just a glass of water will do me fine.

(to be) not bothered either way
dar lo mismo

Expresión que indica que no tenemos ninguna preferencia ante las opciones que nos plantean. No es maleducado, simplemente informal.

○ —Darling, would you like to sit by the window?
—I'm **not bothered either way**.

(to be/to have) nothing to do with it
no tener nada que ver

Se utiliza para decir algo que es irrelevante, que no tiene nada que ver con el caso.

○ —Every time your sister phones, we have problems with the Internet connection afterwards.
—The fact that it's my sister who's phoning has **nothing to do with it**.

on the back burner
dejar algo para más tarde
pasar algo a segundo plano
aparcar una idea

Para entender el origen de esta expresión hay que imaginarse una cocina de gas con fogones (*burners*). Siempre hay uno más pequeño que sirve para tener algo con fuego bajo, para cocinar despacio o mantenerlo caliente; suele ser uno de los fogones de atrás (*back*). Así pues, si algo está *on the back burner* es que no se va a usar ahora, sino más tarde.

○ —What happened to your idea to go to South America for three years then?
—Well, it's still **on the back burner**. You know, not just yet.

what's that (got) to do with it?
¿qué tiene que ver?

Para preguntar o afirmar si una cosa viene al caso o no. Según las palabras inmortales de la canción de Tina Turner, «¿qué tiene que ver el amor con eso?»:

○ It's only the thrill of boy meeting girl /
opposites attract / it's physical / it's
logical / you must try to ignore that it
means more than that / Oh oh **What's**
love **got to do with it?** / What's love but
a second-hand emotion? / Who needs a
heart when a heart can be broken?

nada importante

**(I) can't be bothered
(to do something)**
no tengo ganas
**(I) can't be arsed
(to do something)***
*no me apetece una mierda**

Formas informales (sobre todo la segunda)
para expresar que no te apetece hacer algo
porque no le das ninguna importancia.

○ —I see that you **couldn't be bothered** to take
your things back to the kitchen after you'd had
dinner.
—Leave me alone.

(I) couldn't care less
me trae sin cuidado

En Estados Unidos se dice *I could care less*,
que aparentemente quiere decir lo contrario
de lo que en realidad significa.

○ —But what will the neighbours think?
—**I couldn't care less** what the neighbours
think!

(I) don't give a damn
me importa un bledo

Hace años *damn* se consideraba una palabra subida de tono. Hoy tampoco se utili-
zaría en una conversación de compromiso,
pero... Quién no recuerda esta frase en la
película *Lo que el viento se llevó* (1939), en

el gran momento final, cuando Rhett Butler ya no aguanta más los caprichos de Escarlata O'Hara y le dice antes de abandonarla:

○ —But Rhett…!
—Frankly, my dear, **I don't give a damn**!

(I) don't give a toss
(I) don't give a (flying) fuck*
me importa un carajo
*me importa una mierda**

Se usan también con *can't/couldn't* en vez de *don't*. Son expresiones muy coloquiales y conviene usarlas en situaciones donde los ánimos ya están muy exaltados. Aquí *flying* no admite mucho análisis: simplemente es gráfico y enfático, y empieza con "f".

○ —But what will the neighbours think?
—I **don't give a toss** what the neighbours think!

easy come, easy go
tal como llega, se va
lo que fácil llega, fácil se va

Actitud despreocupada donde las haya, sobre todo en lo que al dinero o a las parejas se refiere. O no le das gran importancia o tienes de sobra. Forma parte del estribillo de la canción de Queen "Bohemian Rhapsody".

○ —Like you, I'm finding it almost impossible to save money these days, and
—Hey, it's only money! **Easy come, easy go**!

(there's) no point
pointless
useless
no use
no sirve de nada
no tiene sentido

Para describir algo que carece de importancia o de sentido. Se puede usar tal cual, o con un gerundio después: (*there is/was*) + *no point* (+ verbo en *–ing*).

○ Look, **there's no point** waiting; they're not going to come now.

(to be) not a big deal
(to be) no big deal
no es para tanto

Dos versiones de la misma expresión que se usa para restar importancia a algo. Es informal. La primera es un poco más británica y la segunda más norteamericana.

○ —... and he arrived 10 minutes late for our first date!
—Come on, that's **no big deal**; it's a date, not a NASA launch.

(to be) not worth the fuss
(to be) not worth the bother
no vale la pena

Bother es «molestia» y *fuss,* «alboroto». Algo es tan fácil que realmente no merece la pena realizar un esfuerzo para conseguirlo.

○ 1) I wanted to make an official complaint about the guide, who didn't seem to know very much about the Masai Mara or the Serengeti, but my husband said it was **not worth the fuss**.

2) In the bazaar the tourists who wanted to spend 750 Euros on a kilim got treated well, the ones that wanted to buy flippers... well, it seemed we were hardly **worth the bother**.

(a) storm in a teacup
(a) tempest in a teapot
una tormenta en un vaso de agua

Las tazas de té no son mucho más grandes que el vaso para el cortado. Por eso cualquier movimiento del líquido dentro de la taza no tendrá consecuencias importantes. En definitiva, se trata de exagerar un problema. La primera es inglés británico y la segunda es la versión norteamericana.

○ Should Muslim women be banned from wearing the burka in public places in this country? Is it a question of equality of rights, a question of cultural adaptation or just **a storm in a teacup**? Tonight, we ask...

OUT ON THE TOWN

SALIR DE FIESTA

(to be) a wallflower
ser la fea del baile
ser un marginado
ser un sujeta-columnas

all dressed up and nowhere to go
dar plantón
dejar a alguien plantado

Wallflower es un alhelí, esa flor que adorna los muros, pero que nadie ve. Imagina a una chica en el baile del instituto a la que nadie saca a bailar (también se puede aplicar a los chicos). La segunda expresión es parecida, esta vez el desafortunado se queda en casa arreglado y esperando una llamada o una invitación que no llega.

○ 1) Look at her now! She's the most popular girl in town and when she was 17 she was **a** complete **wallflower**!

2) —What are you doing at home on a Saturday night? **All dressed up and nowhere to go**?
—No! I'm just waiting for some friends to call!
—Oops! Sorry I spoke.

(to be) as high as a kite
estar colocado
estar puesto hasta las cejas
ir puestísimo

Pillar un colocón con cualquier tipo de droga o sustancia química, alcohol incluido. La sensación es que te hace volar tan alto como una cometa (a *kite*). Obviamente es una expresión muy informal.

○ No use talking to Tony until tomorrow, he's **as high as a kite**.

as sober as a judge
estar perfectamente sobrio

A pesar de que algunos jueces dejan a gente peligrosa en la calle, según la sabiduría popular una característica esencial de un juez es que siempre está sobrio (*sober*). Se utiliza cuando existe la duda razonable de que la persona en cuestión esté pasada de copas.

○ —How much had you drunk before you saw this object in the sky?
—I'd had a couple of drinks, to be sure, but I promise you, I was **as sober as a judge**.

binge drinking
to go on a binge
beber hasta caer redondo
irse de farra

Dos expresiones para referirse al consumo excesivo de alcohol, como el que se alcanza en los *stag parties* (despedidas de soltero) y *hen parties* (despedidas de soltera), por ejemplo. *Binge* es un término que se aplica a actitudes compulsivas: *a shopping binge*, «gastar como locos».

○ **Binge drinking** is still on the increase, according to a new Department of Health report today, and what is particularly worrying is that younger and younger adolescents are affected by it.

to drink like a fish
beber como un cosaco

Expresión muy británica, que supone que los peces beben mucho. No es necesariamente crítica, puede ser un aviso de que si uno invita a esta persona a su casa, debe abastecerse antes de todo tipo de bebidas, por si acaso.

○ —There will be four of us for dinner, you, me, Peter and Marc, so I suppose one bottle of wine will be enough, don't you think?
—Three bottles at least, I would say. Peter **drinks like a fish**, remember.

to have a ball
to have a blast/riot
divertirse de lo lindo

Ball es literalmente «una noche de baile formal», *blast* es «juerga» y *riot*, «alboroto, orgía». La expresión significa pasarlo bien, sobre todo cuando uno está fuera (de vacaciones) o de marcha.

○ —Hey, Kathy, why don't you come over and join us? We're at Club 365. We're **having a ball**!
—Do you know what time it is?
—No. Does it matter?

to have a whale of a time
pasarlo bomba

Pasarlo bomba, pasarlo ballena... ¿qué más da? Como no hay nada más grande que una ballena en el mundo natural, *having a whale of a time* es el colmo de la diversión. Se usa sobre todo en *present continuous* para indicar algo que está pasando ahora mismo, aunque es posible, claro, en todos los tiempos verbales. Se usa a veces con sentido irónico.

○ —How was the sales conference in Budapest last week?
—Tremendous! We **had a whale of a time**!
—Hmmm... you weren't supposed to enjoy it quite that much.

to hook up
(with somebody)
quedar

Expresión muy actual que significa quedar o salir con alguien o con un grupo de personas. Sin embargo, también se usa con el sentido de enrollarse o incluso de tener sexo.

○ —Hey, why don't we **hook up** later on tonight?
—Cool.

let one's hair down
suéltate el pelo
desmelénate

Viene de la época en que las chicas llevaban el pelo recogido, en lugar de suelto por los hombros. Indica una actitud desinhibida.

○ Too much work or too much study; I don't know what it is with you, honey, but you sure need to **let your hair down**.

off one's face
como una cuba
borrachísimo
colocadísimo

off one's head
estar ido
írsele la flapa a alguien

Dos expresiones informales para describir los efectos del alcohol u otras sustancias. La segunda puede usarse también para describir actitudes no muy cuerdas.

○ —God, I feel awful today. I think I perhaps had too much to drink yesterday. I can't remember a thing after about 10pm.
—You were completely **off your face**, Cris.

out on the town
on the razzle
irse de fiesta
salir de juerga

Expresiones más bien positivas para las juergas nocturnas por la ciudad, incluyen un consumo importante de alcohol. La primera es internacional; la segunda es inglés británico.

○ —I phoned you three times last night. I suppose you were **out on the town**.
—Actually, I was doing a Buddhist retreat.

to paint the town red
irse de juerga
armar la de San Quintín
arrasar

Lo mejor que puede hacer uno cuando está de marcha es pintar de rojo la ciudad, ¿no? Es una expresión que utilizan sobre todo los mayores de 50.

○ It's our 40th wedding anniversary and we're going **to paint the town red**! Don't you wish you could join us?

the life and soul of the party
el alma de la fiesta
la alegría de la huerta

Define a una persona alegre y que siempre hace comentarios divertidos, bromas, etc., no necesariamente en una fiesta. Suele ser una observación positiva, aunque también se usa en plan irónico para describir a alguien que es todo lo contrario.

○ —Your friend Sue really is **the life and soul of the party**, isn't she?
—Just you wait till she's had a bit more to drink!

under the influence
bajo los efectos del alcohol

Típica frase policial para describir que alguien está bajo los efectos de alcohol u otras sustancias. En inglés, con decir *under the influence* ya se sobreentiende el resto. En americano es muy habitual decir *DUI (driving under the influence)*, «conducir borracho».

○ —Did you hear that Peter lost his licence for six months for driving **under the influence**?
—Well, that was a bit silly of him!
—Yeah, they stopped him on the bridge because he was driving so strangely, but then again, Peter drives strangely when he's sober.

wine, women and song
naipes, mujeres y vino

Expresión parecida a *on the razzle*, pero más sexista.

○ In the late 60s and early 70s, Manchester United had a brilliant footballer from Northern Ireland called George Best. As a young man he was talented, charismatic and good-looking, and he became a millionaire, but the excesses of his private life cut his sporting career short. Many years later, when he was poor and an alcoholic, he was asked where all his money had gone. "I spent a lot of it on **wine, women and song**; and the rest of it I wasted", was his reply.

an open secret
(the) worst-kept secret
secreto a voces
vox populi

An open secret es un secreto que se ha hecho público o que conoce mucha gente. La segunda es la versión superlativa de *a badly-kept secret* (un secreto mal guardado). Véase también la entrada *the best-kept secret*.

○ 1) It was **an open secret** that the politicians wanted a 3% cash sweetener on any major new public works project.

2) At that time, the fact that the king had a lover was **the worst-kept secret** in the nation.

to go public
hacerse (algo) público
revelar algo a la prensa

Hacer pública una noticia que hasta ahora había sido encubierta, un secreto o algo privado.

○ One of the candidates for mayor of the city **has gone public** and declared that he is gay.

in the public eye
en el ojo público
in the limelight
el centro de atención
en boca de todos
en el candelero

La primera expresión está clara: algo que todo el mundo conoce y de lo que todo el mundo habla. La segunda hace alusión a la luz verdosa del flash de las cámaras de los periodistas de hace casi un siglo (*limelight* es «verde lima»).

○ —Did you read about Paris Hilton and that drugs thing the other day?
—Always **in the limelight**, is she?

to let the cat out of the bag
descubrir el pastel
irse de la lengua

En inglés no se descubre el pastel sino que se deja salir al gato de la bolsa. En fin...

⊙ Shit; it was supposed to be a surprise party! Who **let the cat out of the bag**?

to spill the beans
descubrir el pastel

Derramar (*spill*) las alubias (*beans*) es lo que hacen los ingleses cuando revelan, a propósito o no, un secreto.

⊙ —The managers were discussing ways to reduce the administration staff by 50%, but someone **spilt the beans.** Do you know who?
—Err... not really, no, but I can tell you when the workers found out, there was almost a revolution. They're already terribly understaffed.

when the shit hits the fan*
cuando se descubra el pastel
cuando salga toda la mierda

Expresión gráfica donde las haya: cuando la mierda entra en contacto con el ventilador (*fan*), ¡imagínate! Se usa para describir cualquier situación que se agrava con la salida a la luz de hechos reprobables o escandalosos.

⊙ I wouldn't like to be in his place **when the shit hits the fan.**

privado

(to be/to have) a hidden agenda
(tener/haber detrás) intenciones ocultas

Obviamente no se refiere a una agenda escondida en algún cajón de la casa; más bien se refiere a tener intenciones ocultas.

○ A lot of people are wondering about the government's recent comments on universities, and if there is **a hidden agenda** to cut research funding.

a word in your ear
a word to the wise
for your ears/eyes only
hablar en privado
hacer una confidencia

Tres expresiones que sirven para introducir que lo que vas a escuchar es solo y exclusivamente para tus oídos. La segunda puede significar también «a buen entendedor...».

○ **A word in your ear**; there's someone around here who's saying very unpleasant things about you behind your back.

(the) best-kept secret
el secreto mejor guardado

Es la expresión superlativa de *a well-kept secret* (un secreto bien guardado). Véase también *the worst-kept secret*.

○ At that time, the name of the king's lover was **the best-kept secret** in the nation.

don't let on
no digas nada
no se lo cuentes a nadie
no lo cuentes por ahí

Sirve para pedir discreción al interlocutor.

○ —Were you out drinking with Dave last night?
—I was, but **don't let on**, will you? To his wife, I mean. He told her he wouldn't drink for three months.

just an informal chat
quedaría entre nosotros

Lo solemos decir antes, durante o después de una charla informal para asegurarnos que lo dicho no va a salir de esas cuatro paredes.

○ —Perhaps we could talk tomorrow afternoon at about five. **Just an informal chat**, you know.
—Oh, yes, of course.

to keep it zipped
mantener el pico cerrado
ni una palabra

to save it for a rainy day
algún día te será
de utilidad

Dos expresiones más que se refieren a la idea de guardar un secreto. La primera casi siempre se usa en imperativo. La metáfora de la cremallera (*zip*) queda clara, ¿no? En cuanto a la segunda, antiguamente se guardaba el dinero *for a rainy day* (para cuando vengan tiempos difíciles), pero como la información también tiene un precio, también se puede aplicar a secretos.

○ Now, I'm not supposed to know that information, so **keep it zipped**, okay?

to keep something under your hat
no decir ni palabra de algo
no decir ni pío

También puede decirse *to keep something to yourself.*

○ —Did she really do that?
—Look, I can't really say.
—Come on! You can tell me!
—Okay, but **keep** this **under your hat,** right?

(that's) none of business
eso no es asunto tuyo
mind your own business
no te metas donde no te importa

Dos maneras de expresar la misma idea. Según la intención se utilizan tonos diferentes, puede ser en tono de humor o en tono serio, para dejar cortado al interlocutor.

○ —Who's that SMS from?
—**None of your business.**

off the record
confidencial
que no conste en acta

between you and me
entre tú y yo

mum's the word
de esto, ni palabra
chitón

Las dos primeras se usan para introducir el secreto en cuestión. La tercera se dice después de revelar la información reservada. *Mum's the word* aparece en la segunda parte de la obra *Enrique VI*, de Shakespeare, del año 1592. *Mum* aquí no significa *mother*, sino que se refiere al sonido *mmm*, es decir, el de tararear con la boca cerrada.

○ —Can you tell me where you got that
information, **off the record**, you know?
—Well I really shouldn't, but **between
you and me**, it was your sister-in-law.

**play (your) cards close
to (your) chest**
*ser cauto
no enseñar las cartas*

Piensa en una escena de póquer de película
norteamericana en blanco y negro, un fajo
de dólares sobre la mesa y nadie se fía de
nadie. Un buen jugador debe mantener las
cartas pegadas al pecho. Como en la película
El golpe (1973), en la que Paul Newman no
despega las cartas de su chaleco porque tiene
a un matón justo detrás, compinchado con
su contrincante, que espera una oportunidad
para ver las cartas y chivárselas al jefe. Hoy
en día, esta expresión se usa para cualquier
situación en que requiera mucha discreción.

○ —What do you think of Simon?
—Well, he **plays** his **cards close to** his
chest, doesn't he?

**skeletons in
the cupboard/closet**
*secretos de familia
trapos sucios*

En inglés, los trapos sucios, los oscuros secretos de que del pasado que se quieren ocultar
son esqueletos (*skletons*) y para que la gente
no los descubra se guardan en un armario
(*closet*).

○ Senator Edward Kennedy never ran for
president of the United States, largely because
of some **skeletons in his cupboard**, which
included the Chappaquidick incident, in 1969.
A young woman, Mary Jo Kopechne, died in
unclear circumstances in an accident that
happened when the senator was driving her
home late one night from a party. It later
emerged that the senator failed to notify
the police until the next day.

the walls have ears
las paredes oyen

Es una expresión muy habitual y muy parecida a su equivalente en español, que exhorta al interlocutor a guardar silencio. Imagina al típico adolescente hablando por el teléfono fijo del comedor de casa con los padres atentos a cada frase, o a las conversaciones privadas y no muy inocentes en los despachos abiertos de una empresa...

○ —Did she really do that? My God,
   then what happened?
   —Look, I can't really say any more
   just now; **the walls have ears.**

to tip the wink
to tip the nod
poner sobre aviso

Wink es «guiño» y *nod* es el gesto que se hace con una inclinación de la cabeza, para saludar o expresar complicidad. Se usan cuando queremos dar una información a alguien de forma confidencial.

○ —That's a very interesting piece of
   information, Lou. I wonder who **tipped**
   you **the wink**.
   —That's not something I'm able to divulge.

to wash one's dirty linen
in public
sacar los trapos sucios
(a relucir)

Refrán que milita en contra del escándalo público, o al menos contra las escenas desagradables en público... Casi literal en español, pero más que a trapos, *linen* se refiere a la ropa de la casa, eso sí, sucia.

○ —I'm going to expose her for the liar and
   hypocrite that she is.
   —Well, my advice would be not **to**
   wash your dirty linen in public. It
   won't do either of you any good.

RUMOUR HAS IT

RUMORES Y COTILLEOS

a (hot) tip
un soplo
a tip-off
un chivatazo

A hot tip viene del mundo de las apuestas de caballos y galgos. Se usa con verbos como *give, hear* o *pass on.* La segunda la usan más los medios de comunicación y la policía.

○ 1) We found out about it when one of our reporters received **a hot tip** that a famous singer was about to be arrested for tax dodging.

2) Police acting on **a tip-off** today seized a large quantity of cocaine, arms, and cash near the port, and arrested five people.

a little bird told me (that)
me ha dicho un pajarito que
rumour has it (that)
corre el rumor de que
se dice que

Dos expresiones muy habituales que sirven para soltar una información que aún no sabe mucha gente. Crean un suspense dramático y un sentido de complicidad.

○ —**Rumour has it that** you were looking for a new job.
—I might be; why?
—Well, **a little bird told me that** they're going to create a new post in the Design department.

to drop a hint
lanzar una indirecta
dejar caer una indirecta
to take a hint
captar una indirecta

Se puede usar *hint,* «indirecta», como verbo con el mismo significado, pero es más común con *drop,* «dejarla caer». Cuando uno se da por enterado, se usa *to take a hint.*

○ —She **dropped a hint** that she was interested in him, but he didn't take it.
—Ha! Men!

(it) rings a bell
me suena

Expresión muy parecida a su equivalente en español, aunque en inglés lo que suena es una campana (*a bell*). El nombre o el pronombre se ponen antes de *ring/rings a bell*.

○ —Do you happen to know someone called Nikos Kazantzakis?
—No, but the name **rings a bell**.

I (can) see where you're coming from
ya sé por dónde vas
te veo venir

Cuando se utiliza esta expresión es para dejar claro que se entiende qué hay detrás de los comentarios de alguien o qué le hace decir lo que dice. Es un frase moderna, informal y muy frecuente. Casi siempre se dice en afirmativo.

○ —Would you vote for someone who is trying to destroy the institution of the family as the foundation of our society?
—Ah, **I can see where you're coming from**.

tell me about it
¡qué listo eres!
dime algo que no sepa

Expresión muy irónica. Se pone el énfasis en el verbo *tell*.

○ —I think this is going to be more complex than we thought.
—**Tell me about it**.

no saber

no idea
ni idea
search me
¡yo qué sé!
a saber...
¡a mí, que me registren!

Dos maneras de expresar la misma idea: se dejar claro que no se sabe algo y que no se tiene intención de saberlo. La segunda expresión es más informal.

○ —Does anyone know where Jonathan is?
—**No idea.**

off the cuff
improvisando
dicho sin pensar
off the top of my head
sobre la marcha
a bote pronto
don't quote me
no estoy totalmente seguro
yo no he dicho nada
te lo sacas de la manga

La primera locución describe opiniones expresadas de forma improvisada, como si se hubieran tomado notas en el puño (*cuff*). *Off the top of my head* es parecida, incluso más frecuente. La tercera matiza que la persona que opina no quiere ser citada como fuente (*to quote*, «citar»), cosa que no ofrece ninguna garantía acerca de su veracidad.

○ —How much do you think he earns?
—**Off the top of my head,** I'd say maybe around 35,000 a year.

the jury's still out (on that one)
aún no me he formado una opinión al respecto
aún no se ha tomado una decisión

En los países de habla inglesa hay una larga tradición de jurados populares. Si el jurado está fuera (*out*) es que todavía está sopesando las pruebas y no hay veredicto. Se usa esta expresión para referirnos a un tema sobre el cual aún no tenemos una opinión o no hemos tomado una decisión firme.

○ **The jury is still out on** what caused the extinction of this species, but climate change leading to massive destruction of habitat is considered the most likely option.

FINGERS CROSSED

buena suerte

as luck would have it
y quiso la suerte que

Lo que la suerte nos deparó en un momento determinado, ya sea algo afortunado o no. La entonación ascendente prepara al oyente para la información clave. Puede ir al principio o al final de una frase. Véase también *as chance would have it*.

○ **As luck would have it**, we were both in Buenos Aires at the same time.

beginner's luck
la suerte del principiante

Se utiliza, con mala leche y envidia, cuando a un novato todo le sale bien.

○ —The first time in her life she went to a casino and she walked out with €750!
—**Beginner's luck**.

eat your heart out!
¡chincha!
¡(pues) te fastidias!

Sirve para celebrar el triunfo propio y la desgracia ajena. Suele tener, por tanto, una ligera connotación de mala leche. También se puede decir en plan de broma, si el otro se lo quiere tomar como tal, claro...

○ —I heard that the company is sending you to the annual conference. Where is it being held this year?
—In Venice.
—Venice? Lucky bastard!
—For four days. **Eat your heart out**!

(keep your) fingers crossed
crucemos los dedos

Lo que se dice y a veces se hace en miles de situaciones para desear suerte apelando a la magia de una simplificación del gesto cristiano.

○ —So, tomorrow's the day of the job interview, is it?
—Yes, **fingers crossed.**

good luck!
¡(buena) suerte!

Se usa para desear suerte, incluso en plan *gentleman*, a un rival directo.

○ —Is it true you've got a job interview tomorrow?
—Yes, it is, but I'm not too hopeful.
—Well, you never know. **Good luck** anyway!
—Thanks, I'll need it.

(to have/to get) a lucky break
(tener) un golpe de suerte

Una oportunidad para brillar. A veces incluso se dice sin el adjetivo.

○ I'm here now basically because **I had a lucky break**. I was working in a restaurant and a guy came up to me, and introduced himself to me as a producer and asked if I'd like to audition for a part in a film.

**your lucky day
you're in luck**
*es tu día de suerte
estás de suerte*

Expresión que se dice cuando a alguien le ha sonreído la fortuna.

○ —Are there any seats left for tonight's performance?
—How many would you need?
—Just two.
—Let me just check... **you're in luck**, row 17, seats 22 and 24. Do you want them?

lucky you!
¡qué suerte (tienes)!

Otra expresión muy habitual. Sirve para felicitar, pero más a menudo expresa envidia.

○ —I'll see you on Monday.
—Oh, didn't you know? I'm not here next week. I'm going to Istanbul for a week.
—Oh, **lucky you!** Hey, could you bring me back a bottle of raki?
—I'll try.

on a lucky run
estar de suerte
tener una buena racha

Se dice cuando alguien ha tenido una racha continuada de buena suerte.

○ —How's Georgina doing at university?
—Better than usual, actually; she's passed all her exams with an A grade.
—So she's **on** a bit of **a lucky run**?
—I wouldn't say that; she works hard.

(to have) the luck of the Irish
tener un golpe de suerte

Tal vez pueda resultar sorprendente, pero los irlandeses tienen fama de gozar de buena suerte. Se dice cuando alguien ha tenido un golpe o incluso una racha de suerte. Se puede decir de los que no son irlandeses.

○ —Did you see that Jessica and Marc managed to get seats for the final of the Godó?
—How do they do it?
—No idea; maybe it just **the luck of the Irish**.

to strike the jackpot
tocarle a alguien la lotería
tocarle a alguien el gordo

En un sorteo, *the jackpot* es el mayor premio. *Strike* tiene muchos significados, pero aquí es «tocar» o «dar con».

○ —Honey, the day you met me, you really **struck the jackpot**.
—No, you did.

mala suerte

you can't win them all
win some, lose some
no se gana siempre

Se dice ante la falta de suerte, a modo de consuelo (también dirigido al perdedor).

O Don't worry about failing Physics; I know you did your best. **You can't win them all**, you know.

you're out of luck
no luck
no ha habido suerte
no estás de suerte

Lo que se dice en miles de situaciones cuando a alguien no le ha acompañado la suerte.

O —Are there any seats left for tonight's performance?
—Sorry, **you're out of luck**, someone has just bought the last two.

too bad
bad luck
hard luck
qué pena
mala suerte

Sirve para expresar un poco de solidaridad con alguien que no ha tenido suerte.

O —Did you win the match, darling?
—No, we lost 4-3.
—Oh, **hard luck**. Anyway, I'm sure you did your best.

they have all the luck
vaya suerte (que) tienen algunos
wouldn't you know?
¿qué te parece?

Expresa un poco de envidia por alguien que ha tenido suerte cuando a los nuestros les ha faltado.

O **Wouldn't you know?** The teacher asked him one direct question, and it was the only thing he knew all day, so of course he got it right!

TOPSY TURVY

TAL CUAL O AL REVÉS

back to front
the wrong way around
del revés

Se refieren a una prenda puesta al revés aunque también puede referirse a situaciones que no salen como esperábamos. Significa lo contrario de *the right way around*.

○ They want to plan the marketing strategy before they've even costed the production. That's completely **back to front**, if you ask me.

inside out
del revés

Se refiere a una prenda puesta del revés (con la parte de dentro hacia fuera) o a una situación que se interpreta al revés. Es lo contrario de *the right way around*. También puede expresar la idea de que uno conoce a una persona como la palma de la mano (como en el segundo ejemplo).

○ 1) I think you've got your sweater on **inside out**.

2) I know Michael **inside out**.

the right way (a)round
del derecho

Se refiere a una prenda bien puesta (en sentido horizontal) o a una situación bien interpretada. Es lo contrario de *back to front*.

○ 1) I think the best way to get it **the right way around** is to begin with what we want to achieve and take it from there.

2) That's not funny, Helen; put your dress on **the right way round** please.

the right way up
boca arriba
como Dios manda

Se refiere a una prenda o a algo bien colocado (en sentido vertical) o a una situación bien interpretada. Lo contrario de *upside down*.

○ 1) Please leave all the gym equipment **the right way up**, so the next person can use it easily.

2) Why do you hang your trousers **the right way up** when they're drying on the washing line?

3) They'll be offended if you don't hang their flag **the right way up**.

topsy turvy
patas arriba

Se refiere a cualquier situación o estado con las cosas desordenadas o que no están en su sitio. Es un adjetivo coloquial pero *polite*.

○ 1) When you move into a new house, everything is a bit **topsy turvy** for a while.

2) Can I lie down? My stomach's a bit **topsy turvy**; maybe it was all that limoncello.

upside down
al revés
boca abajo

También significa al revés, pero boca abajo o con la parte de arriba abajo. Es lo contrario de *the right way up*.

○ 1) If you hang those plants **upside down**, they'll dry better.

2) The artist was furious when they saw that the gallery had hung her work **upside down**.

TIME HEALS ALL

as things stand
as we stand
tal y como están las cosas

Dos expresiones para expresar una situación actual que es susceptible de cambio. Se usan mucho durante el discurso de un partido, en una negociación, en política, etc.

O 1) **As things stand**, Argentina will be top of the group with six points, but...

2) **As we stand,** you're offering an extra 2.5% discount if we pay at 30 days; is that right?

better late than never
más vale tarde que nunca

A veces se utiliza con tono de resignación.

O —Is it okay if we come up and visit on Sunday instead of Friday?
—**Better late than never**.

for the time being
for now
de momento

La situación actual es la que debemos aceptar, pero sin descartar cambios en un futuro.

O I'm not able to commit myself to a relationship **for the time being**.

no time like the present
no dejes para mañana lo que puedas hacer hoy

Esta expresión indica que hay que actuar en ese mismo momento, sin demora. Para los adeptos al *carpe diem*.

O —We were thinking of buying some land.
—**No time like the present**.

saved by the bell
salvado por la campana

Un boxeador yace aturdido en el suelo. Su oponente está listo para darle el puñetazo definitivo. El árbitro cuenta: *One!... two!... three!... four!... five!... six!... seven!... eight!... nine!...*, y en ese momento suena la campana (*the bell*). Se ha salvado. Hoy en día se usa para cualquier evento inesperado que le salva el cuello a uno.

○ —So, are you going to really commit
   yourself to this relationship or not?
   —Well, erm... I think... you...
   (phone rings)
   —**Saved by the bell**, eh?

the early bird catches the worm
a quien madruga, Dios le ayuda

El refrán en español es muy religioso. En inglés es totalmente laico, por no decir animal, pues se habla del gusano (*worm*) que sirve de desayuno al pájaro madrugador (*early bird*).

○ —Hurry up; **the early bird catches the worm**.
   —Are you saying I'm slow?

a tight deadline
plazo ajustado
on a tight deadline
tener el tiempo encima

El *deadline* es la «fecha tope», el momento en que se tiene que tener algo hecho.

○ It's important in this job to be able to work
   to **a tight deadline**; is that understood?

time flies when you're having fun
el tiempo vuela
ha pasado el tiempo volando

Nótese que *fun* significa «diversión» o «divertido», y *funny*, «cómico» o «raro».

○ —Oh heavens, is that the time?
   —Yes. **Time flies when you're having fun**,
   doesn't it?

time heals all
el tiempo lo cura todo

Recuerda que en inglés los nombres abstractos no llevan artículo.

○ —How long did it take you to get over your divorce?
—About three years. **Time heals all**, slowly.

time stops for no man
el tiempo no se detiene para nadie

A menudo se le dice, de forma irónica, a alguien que tarda mucho en estar listo.

○ When I was your age, I had this ridiculous notion that somehow I would always be young, at least in mind if not in body, but the sad truth is that **time stops for no man**.

time will tell
(tiempo) al tiempo
(solo) el tiempo lo dirá
el tiempo pone a cada uno en su sitio

Se usa para decir que algo que uno afirma o el resultado de una determinada situación solo se verán claros al cabo de un tiempo.

○ —Do you think I made the right choice?
—**Time will tell**, dear.

time out
let's take five
venga, vamos a parar un rato
hagamos una pausa

En la segunda se supone que vamos a tomarnos cinco minutos de descanso, no cinco carajillos.

○ —I don't feel we're getting anywhere in this discussion; **let's take five** and have a fresh look at it.
—Fine by me.

with hindsight
a posteriori
en retrospectiva
a toro pasado

Expresión predilecta de los partidos políticos para (casi) reconocer sus errores.

○ I think, **with hindsight**, yes, perhaps we could have reacted more quickly to the recession.

ONCE IN A BLUE MOON

all the time
constantemente
todo el tiempo

En un episodio de *Sexo en Nueva York*, Carrie Bradshaw le pregunta a su futuro marido si se ha enamorado alguna vez de esa manera. Él le contesta: *All the fucking time.*

O —Do you ever have to use public transport?
—**All the time**. Why?

from time to time
now and again
de vez en cuando

Dos maneras de expresar la misma idea.

O —How often does she have these symptoms?
—**From time to time**.

once in a blue moon
muy de vez en cuando
de uvas a peras

¿Cada cuánto sale la luna azul? Pues eso.

O **Once in a blue moon** he cooks for his wife to show how modern he is.

the odd
la excepción
de vez en cuando

Algo que sucede con poca frecuencia. Va seguida de un nombre o un pronombre.

O —Where do most of your visitors come from?
—About 70% from Asia, more or less 25% from the Arabian Gulf, and we do get **the odd** European too.

time and time again
repetidas veces
una y otra vez

A menudo se dice en tono de resignación.

O **Time and time again** she told her kids to clean up their bedrooms.

UNTIL THE COWS COME HOME

for a long time
hace mucho tiempo
for ages
(desde hace) una eternidad

Dos expresiones que indican una larga duración. La primera es estándar; la segunda, quizá algo más informal.

○ —How long have you known about this?
—**For ages**; maybe I should have told you.

(to be) knee-high to a grasshopper
de toda la vida
desde que era un renacuajo
desde que no levantaba
un palmo del suelo

Hay que imaginárselo: si uno llega hasta las rodillas de un saltamontes (*grasshopper)* significa que es muy pequeño, es decir, muy joven. Esta frase nació en Estados Unidos y suele formularse así: *since I was knee-high to a grasshopper.*

○ —How long have you two known how to use a gun?
—Oh, since I was **knee-high to a grasshopper**.

round the clock
todo el día
veinticuatro horas al día

24/7
horario ininterrumpido todos los días de la semana

Round the clock (en americano *around* significa que un negocio abre veinticuatro horas al día, aunque puede que cierre los sábados o los domingos. La segunda implica que abre de manera ininterrumpida, veinticuatro horas al día, los siete días de la semana.

○ —What time do you close today?
—We don't; we're open **round the clock**.

till death do us part
hasta que la muerte nos separe

Hasta la muerte, según el voto tradicional de las bodas. Hoy en día, más bien es hasta que me harte de ti.

○ —So are you looking for a **till death do us part** relationship or just adventure?
   —Oh, I'm serious, completely serious.

time (just) flew by
se me ha pasado el tiempo volando

Se usa en pasado (*simple past*) para expresar lo rápido que pasó el tiempo en un momento determinado, por ejemplo, en que uno se estaba divirtiendo. Véase también *Time flies when you're having fun*.

○ We were in Turkey for two weeks, but **time just flew by**. There was so much to do and see.

until the cows come home
hasta que las ranas críen pelo
hasta que las vacas vuelen

Durante muchísimo tiempo. Las vacas vuelven a casa cada tarde, es cierto, pero esperarlas requiere paciencia... De ahí el dicho. Se usa sobre todo en *present simple*.

○ You can wait for the perfect opportunity **until the cows come home**, but this one seems good enough for me.

we go back a long time
we go way back
de toda la vida
desde hace mucho tiempo

Frases que usan mucho los hombres, sobre todo al hablar entre ellos, para rubricar el valor de una larga relación de amistad. Se dice normalmente con sonrisas y a veces con golpes en el hombro. La segunda es muy popular en Estados Unidos.

○ —How long have you two known each other?
   —Oh, **we go back a long time**...

ON THE DOLE

TRABAJO Y PARO

a bad workman blames his tools
el cojo siempre le echa la culpa al empedrado

Se usa de forma irónica para referirse a gobiernos o empresas que no aportan los recursos necesarios para llevar a cabo su cometido.

○ —I couldn't drill the holes properly because I didn't have the right bit with me for plaster walls.
—It's **a bad workman** who **blames his tools**.
—Listen, I'd like to see you trying to drills holes in that wall without the right tools.

a slave-driver
negrero

Originalmente alguien que obligaba, látigo en mano, a los esclavos (*slaves*) a trabajar. Hoy en día se aplica a cualquier jefe que obliga a sus empleados a trabajar en exceso.

○ A lot of people think that our boss is a bit of **a slave-driver**, but it's not true, well, most of the time.

on welfare
on the dole
en el paro
cobrando el subsidio de desempleo

between jobs
sin empleo actual
desempleado

La cobertura para los parados varía según el país, pero las tres expresiones se refieren a lo mismo. La primera se usa en Estados Unidos y la segunda en Gran Bretaña. La tercera es una forma eufemística.

○ —Have you ever been **on the dole**?
—For six months, after I finished my Master's in Social Anthropology.

to toil away
darle duro (a algo)
to do the donkey work
hacer el trabajo pesado
to do the dirty work
hacer el trabajo sucio

Las tres se refieren a trabajar duro. La segunda se refiere al trabajo más pesado, el del burro (*donkey*). La tercera es para el trabajo sucio (*dirty work*), no ético o ilegal.

○ Oh, I get it; **I do** all **the donkey work**, and you take all the credit.

sitting pretty
(on) a cushy number
bien colocado
bien situado
un chollo (de trabajo)

Estas expresiones se refieren a personas con un buen trabajo, ya sea por el sueldo, porque el trabajo es fácil o por su comodidad.

○ —Look at these Technical Managers that the top football clubs have. Now that's a job I'd like to have.
—Me too; that'd be quite **a cushy number**.
—Oh yes, that'd be **sitting pretty**!

to walk the plank
rodar cabezas
estar en la lista negra
hacer pasar por el aro

Recibir un castigo, especialmente en el ámbito laboral en forma de despido. Evoca un castigo que imponían los piratas a sus presos: les hacían caminar con los ojos vendados por un tablón (*the plank*) colocado en la borda. El prisionero acababa cayendo al mar.

○ Did you hear what happened in Alice's company? Twenty five people out of thirty in the sales department have had to **walk the plank**!

to work one's guts out
to work one's fingers to the bone
to work one's arse/butt/balls off*
deslomarse (trabajando)
*dejarse el culo**

Tres formas de expresar el hecho de trabajar muy duro. La tercera es muy informal.

○ —I've been **working my guts out** for ten hours and I come home and the place is a mess. What do you do all day?
—You expect me to clean and iron all day?

NO SMOKE WITHOUT FIRE

REFRANES Y PROVERBIOS

a bird in the hand (is worth two in the bush)
más vale pájaro en mano (que ciento volando)

La única diferencia con el proverbio en español es que en inglés los pájaros volando son solo dos y están escondidos en un arbusto (*bush*).

○ I know you'd rather go to Cuba, but we know we can get flights and accommodation for the Dominican Republic, and if we don't put a deposit now on our places for Punta Cana we could end up with nothing. You know, **a bird in the hand is worth two in the bush**.

(to be/to live in) a fool's paradise
estar en las nubes vivir fuera de la realidad

Se usa para indicar que alguien ha vivido mucho tiempo en una mentira. Se puede traducir simplemente como «engañarse».

○ —Well, I suppose as democracies go, this is quite a good one.
—You're living in **a fool's paradise**; you just vote for the least bad option every four years.

a friend in need is a friend indeed
en la pobreza y en el peligro se conoce al buen amigo

Es decir, el amigo que te ayuda cuando lo necesitas es un amigo en quien puedes confiar.

○ When Jack was short of money, Bill realizing that **a friend in need is a friend indeed**, gave —gave not lent— him quite a lot, and gained Jack's eternal loyalty in return.

a shut mouth catches no flies
en boca cerrada no entran moscas

¿A que parece igual que su equivalente en español? Pues resulta que es un préstamo del español. Sale en una gramática española para ingleses de 1599.

O —I don't think I should have said what I did.
—**A shut mouth catches no flies**; remember that. Now go and apologise.

a stitch in time saves nine
más vale prevenir que curar una puntada a tiempo ahorra ciento

Nunca es tarde para tomar precauciones, aunque solo sea dar una puntada (*stitch*).

O The moment I saw those black spots on one of the leaves of my geranium, I got some insecticide and sprayed all the plants. **A stitch in time...**

all work and no play (makes John a dull boy)
no todo es trabajo en la vida

En la vida hay más cosas aparte del trabajo. A menudo se omite la segunda parte (*dull* aquí significa «aburrido»).

O —I'd like to come to your party, but I can't; I have to study. I need really good marks to get into my my branch of Engineering.
—**All work and no play...**

all's fair in love and war
en el amor y en la guerra todo vale

Triste refrán bastante parecido en español. Para conseguir algo muy deseado todo es válido incluso el engaño o las trampas.

O —Did you really steal your best friend's boyfriend?
—Well, he was tired of her anyway. Besides, **all's fair in love and war**.
—Was he? Is it?
—Oh, she'll get over it, in time.

all's well that ends well
bien está lo que bien acaba

Shakespeare lo utilizó como título de una de sus comedias o sea que, por lo menos, data de 1623. Se usa para cualquier situación complicada que llega a buen puerto.

○ —Did you know someone found my wallet that had been stolen on the metro, and all the credit cards were still in it? The muggers had only taken the cash, which was only about 30 Euros. I mean the wallet itself was new, and worth 50.
—So apart from the 30 Euros, **all's well that ends well**.

bad news travels fast
las malas noticias corren como la pólvora

A pesar de la s final, *news* en inglés es un nombre no contable. Para hacerlo contable, se dice *a piece of news* o *an item of news*.

○ —Is it true that you and Carl are splitting up?
—Yes, but how did you know?
—**Bad news travels fast**.

bad things come in threes
las desgracias nunca vienen solas

Parecido al español, pero el inglés es más preciso numéricamente.

○ —Is it true that you and Carl are splitting up?
—Yes, but how did you know?
—**Bad news travels fast.** And by the way, so are Sue and Robert.
—And who else? **Bad things come in threes**, don't they?

better safe than sorry
más vale prevenir que curar

○ Before they got married they signed a prenup, which stated that if they ever got divorced, neither of them could claim half the other's property. **Better safe than sorry**, I suppose.

birds of a feather
(flock together)
Dios los cría (y ellos se juntan)

Nos juntamos con gente parecida a nosotros, igual que los pájaros (*flock* es una «banda-da»). Este refrán se utiliza sobre todo para referirse a gente de dudosa reputación.

○ She's just like him, isn't she? Neither one of them is to be trusted. **Birds of a feather**, eh?

(you) can't teach an old dog
new tricks
perro viejo
loro viejo no aprende a hablar

Es tan difícil cambiar a una persona como amaestrar a un animal viejo.

○ —Where I'm from, in Hungary, a lot of middle aged men became unemployable after the fall of Communism. They couldn't get used to technology and most of them couldn't or wouldn't learn English.
—It just goes to show, **you can't teach an old dog new tricks**.

(don't) cast pearls before
swine
(no) eches margaritas a los cerdos
no está hecha la miel para
la boca del asno

Mejor no ofrecer cosas de valor a quien no sabe apreciarlas. *Swine* es un término anglo-sajón antiguo para decir «cerdo». Los cerdos no saben distinguir entre comida y *pearls* (perlas); en el refrán español son margaritas.

○ —They just didn't seem to understand any of the jokes in my work.
—Don't worry. You should know better than **to cast pearls before swine**.

don't bite the hand
that feeds you
no muerdas la mano que te
da de comer

Se dice en imperativo negativo, como el re-frán español, que es una traducción literal.

○ —I suppose it's kind of them to offer us free accommodation for a week, but this room really is noisy and small.
—Come on! **Don't bite the hand that feeds you**.

don't count your chickens (until they're hatched)
no cantes victoria

Realmente es de sabios no contar los pollos antes de que «salgan del huevo» (*to hatch*).

○ —And we feel that all EU foreigners living in Spain will want to take advantage of this service, and it's a great business opportunity.
—Hang on, **don't count your chickens**. I'm not so sure your real market is that large.

don't look a gift horse in the mouth
a caballo regalado no le mires el dentado

Éste refrán es calcado al español. Se puede decir con *never* en vez de *don't*.

○ —If you like this music I can copy it for you.
—Thanks, but I think I'd rather buy the CD.
—**Don't look a gift horse in the mouth**.
—But what about the copyright?

don't put all your eggs in one basket
no te lo juegues todo a una carta

La fragilidad de los huevos da origen a este refrán que habla de intentar limitar el riesgo. Véase también *to hedge one's bets*.

○ —So how many publishers have you sent your manuscript to?
—Just one.
—One? Ah, well if I were you, I wouldn't **put all my eggs in one basket**.

don't put the cart before the horse
no empieces la casa por el tejado
no pongas el carro antes que los bueyes

Las cosas en su debido orden, porque el caballo puede llevar el carro (*the cart*) pero no al revés. Se usa en contextos donde la lógica y la logística corren peligro.

○ You want to have kids before we even start living together? Aren't you **putting the cart before the horse**?

don't shut the stable door after the horse has bolted
a buenas horas, mangas verdes

Demasiado tarde para hacer algo. Un *stable* es una «cuadra» y *to bolt* es «escapar volando».

○ —Don't forget to send off your application for the Erasmus, will you?
—**The horse has already bolted**, I'm afraid; the deadline was last Friday.

don't throw out the baby with the bathwater
no tires el grano con la paja
no lo descartes tan pronto

Todo tiene una parte buena (el bebé, en este caso). La parte mala que se pretende «tirar» es el agua sucia de la bañera (*the bathwater*).

○ There may have been some excess spending in this area in the past, but let's not **throw out the baby with the bathwater**; this department provides essential care for people on the fringes of society.

to feel like a fish out of water
como pez fuera del agua
como gallina en corral ajeno

Un pez fuera del agua se encuentra como mínimo incómodo, así que el refrán se refiere a que uno no está familiarizado con su entorno y se siente perdido. En español el refrán existe pero en su sentido contrario.

○ Dressed in my beach clothes at their sophisticated garden party, I **felt like a fish out of water**.

give a dog a bad name (and hang him)
cría fama (y échate a dormir)
por un perro que maté
(mataperros me llamaron)

Aunque la fama no sea merecida, no es fácil deshacerse de una mala reputación. Proverbio que data de principios del siglo XVIII. Casi siempre se omiten las últimas tres palabras.

○ —Is it true that you broke all those glasses?
—Just because I broke two last year? Come on! **Give a dog a bad name**!

the grass is always greener (on the other side)
the other man's grass is always greener
nadie está contento con su suerte

Dos versiones del mismo refrán que expresa envidia en estado puro.

○ Every year, thousands of Africans take the risk of crossing the Strait of Gibraltar clandestinely. Often they end up in detention centres, and sometimes even worse things happen. Why do they do it? Is it because **the other man's grass is greener**, or is it just the lack of opportunity in their own countries that drives them to do it? Tonight, we bring you an exclusive documentary...

good fences make good neighbours
entre dos amigos, un notario y dos testigos

Es bueno tener las cosas claras con el prójimo, marcar límites aunque sea con vallas (*fences*) y saber lo que resulta aceptable y lo que no. No es desconfianza, es prevención.

○ This building is used for offices, apartments and even a language school. Fortunately, everybody is very respectful about other people's space, noise and cleaning. And of course shared costs are very fairly calculated. **Good fences**, you know, **make good neighbours**.

he who laughs last, laughs longest
he laughs best who laughs last
el que ríe último, ríe mejor

El primero es la versión moderna del segundo refrán. También se puede decir *to have the last laugh*.

○ You may be doing well at the moment, but there's a long way to go yet, and just remember that **he who laughs last, laughs longest**.

home is where the heart is
*no se es de donde se nace,
sino de donde se pace*

Tu hogar está donde te encuentras a gusto.

○ My neighbour was very nice when
he invited me over for Christmas,
but **home is where the heart is** and
I kept thinking about you and why
you had left.

**if you can't be good,
be careful**
diviértete, pero con cuidado

"Sé bueno", suelen decir los padres a sus hijos cuando se van de juerga. Otros padres, conscientes del pecado inevitable, aconsejan a sus hijos –y a sus hijas– tomar precauciones diciendo esta frase. También es una manera informal de despedirse, por ejemplo, de los compañeros de trabajo.

○ I know that none of my advice makes any
difference to you, but one thing I will say
is this: **if you can't be good, be careful**.

**it's like water off
a duck's back**
*como quien oye llover
entrar por un oído y salir por
el otro*

Las plumas del lomo de un pato (*duck's back*) son impermeables al agua, por eso resbala. Algunas personas parecen impermeables a las reacciones, sugerencias y, sobre todo, a las críticas de los demás.

○ He won't listen to the clients' feedback.
To him **it's like water off a duck's back**.

**to live in cloud-
cuckoo-land**
vivir fuera de la realidad

Pobre pájaro cuco, siempre asociado con la locura.

○ These people who believe that they can learn
a foreign language in six weeks because
some charlatan put that in an advertisement,
they're **living in cloud-cuckoo-land**.

look before you leap
piensa antes de actuar
no te lances a ciegas

Refrán que aboga por la prudencia y la precaución. *Leap* significa «saltar».

○ —You've only known him for a month and you're talking about living together? Don't you think you should **look before you leap**?
—Why?
—What do you mean, why?

make hay while the Sun shines
la ocasión la pintan calva
disfruta mientras puedas

Proviene del mundo de la agricultura y aparece ya en un texto de 1546. Véase también *stitch in time* y *strike while the iron is hot.*

○ —You're only young once, so I say **make hay while the sun shines**.
—Is that what you said to Mum when she was young, grandad?

(there's) never a dull moment
no nos aburrimos nunca

Se utiliza en situaciones de familia y empresa, sobre todo. También se dice en plan irónico cuando hay poca actividad.

○ Last year the government asked us to take a 5% pay cut; this year they want us to reduce staff by 5%. **Never a dull moment**, is there?

no news is good news
que no haya noticias
es una buena señal

Ya se sabe que las malas noticias corren como la pólvora. Es una frase muy versátil.

○ —Heard anything from Head Office about the negotiation? I should never have sent her that email.
—Nothing at all.
—Oh well, **no news is good news**?

no pain, no gain
quien algo quiere, algo le cuesta

Su equivalente en español es muy parecido. Se utiliza para animar a alguien a hacer un esfuerzo (porque va a merecer la pena).

○ You want to lose 10 kilos? Eat less, drink less, do exercise, go to the gym. **No pain, no gain.**

nothing ventured, nothing gained
el que no arriesga, no gana

Tiene el matiz de que hay que arriesgar algo o abandonar una posición segura para conseguir el objetivo.

○ You know this is a great business plan, but you need to put 50,000 Euros into it. **Nothing ventured, nothing gained.**

(there's) no point crying over spilt milk
a lo hecho, pecho

Lo hecho, hecho está; así que no vale la pena lamentarse por ello si uno piensa que se ha equivocado. *No point* significa que algo no tiene sentido, y siempre va seguido de un verbo en *-ing*. *Spill* es «derramar» y obviamente puede aplicarse a líquidos y polvos varios, pero aquí siempre se trata de leche.

○ —I should never have sent her that email.
—Oh well, too late now. **No point crying over spilt milk**, is there?

once a..., always a...
el... lo es hasta el final ser... hasta la muerte

Se dice muchas veces en tono de resignación. Hay múltiples versiones: *once a priest...*, *once a whore...*, etc.

○ They asked her to testify about the abusive priest, but she said she wouldn't do anything to harm the Church. Oh well, you know what they say, **once a** Catholic, **always a** Catholic.

once bitten, twice shy
el gato escaldado del agua fría huye

Es casi lo contrario de la anterior, ya que indica que podemos aprender de la experiencia, sobre todo de la dolorosa como que te muerdan (*bite*).

○ No, no; I'm not going to ask her to help us again after her reaction last time. **Once bitten, twice shy.**

one picture is worth a thousand words
una imagen vale más que mil palabras

Fíjate en que el refrán en español es exactamente igual.

○ Nobody's going to react to this tragedy if we don't get some images out there, whether it's on TV, U-tube or Twitter. **A picture is worth a thousand words.**

out of sight, out of mind
ojos que no ven, corazón que no siente

Si uno no ve algo (o no se entera), no va a sufrir por esa causa. En el sentido amoroso se refiere, como en el ejemplo, a que en la distancia se apaga rápidamente la llama del amor. Pero como estos temas del corazón son siempre complicados, hay un refrán que alega justamente lo contrario: *Absence makes the heart grow stronger.*

○ —This will be our first separation, and of course I'll be worried, you know, with you in Thailand for a year.
—Don't worry; I've got a holiday in every six months. Besides, distance makes the heart grow stronger, doesn't it?
—Well I hope it's not a case of **out of sight, out of mind.**

**people who live
in glasshouses shouldn't
throw stones**
*ver la paja en el ojo ajeno
no tires piedras sobre
tu propio tejado*

Criticar a los demás los defectos que uno tiene es colocarse en una situación vulnerable,
cosa que refleja muy bien el refrán inglés; *a
glasshouse* es «un invernadero».

○ Those politicians who are now screaming
about corruption in other parties would
do well to remember that **people who live
in glasshouses shouldn't throw stones**.

still waters run deep
las apariencias engañan

Se usa para referirse a personas que, bajo su
apariencia tranquila, esconden pasiones.

○ Who would have thought that quiet
little Susana could write poetry like that?
Still waters run deep.

**talk/speak of the devil
(and he appears)**
*hablando del rey de Roma
(por la puerta asoma)*

Estamos hablando de alguien, no necesariamente del diablo (*devil*), y justamente esa
persona aparece. Es una expresión ya consig-
nada desde el siglo XVI.

○ ... and apparently Mike knew all about it,
but didn't say... Oh Mike, there you are!
Talk of the devil! We were just
saying that...

there's no place like home
*como en casa no se está
en ningún sitio*

Aquí se entiende hogar, *home*, en un sentido muy amplio, como el lugar (casa, pueblo,
país) donde uno creció con los suyos.

○ After two years abroad, she knew
it was time to go back to Seville.
It wasn't so much that there is
nowhere quite like it, simply that
there's no place like home.

**there's no smoke
without fire**
*cuando el río suena,
agua lleva*

Refrán del siglo xiv, muy parecido al español
«por el humo se sabe donde está el fuego».

○ Apparently, you had quite a few problems
at university with the authorities. Maybe
it wasn't your fault, but **there's no smoke
without fire**, is there?

**what's good for
the goose is good
for the gander**
*lo que es bueno para el pavo,
es bueno para la pava
el que las da las toma*

Un ejemplo temprano de igualdad de géne-
ros (de hecho, en 1670 en el libro *English pro-
verbs* se decía *"This is a woman's proverb"*).
Normalmente se usa cuando has hecho algo
malo a alguien y luego te pasa a ti algo malo.
También existe la versión *what's sauce for the
goose...* Hay pocos animales en inglés moder-
no con formas tan diferentes para macho y
hembra (*goose, gander*), incluso con un plural irregular (*geese*). En español también es
irregular («ganso» y «oca»).

○ So when this corruption happens in your party
it's merely an internal affair of no significance,
but when it happens in our party it's a
national scandal? Come off it! **What's good
for the goose is good for the gander**!

**when in Rome,
do as the Romans do**
*allí donde fueres,
haz lo que vieres*

Por lo visto, fue lo que San Ambrosio le acon-
sejó a San Agustín: sabio consejo para no lla-
mar la atención como extranjero, por desgracia ignorado por la mayoría de los turistas.

○ —What on earth are you doing to your bread?
—Rubbing tomato onto it. I'll pour a bit of
olive oil on it, and then sprinkle some salt on.
—Where did you learn that?
—In Barcelona. **When in Rome, do as the
Romans do**.
—Don't they have butter there?
—Er... Yes.

**while the cat's away,
the mice will play**
*cuando el gato no está,
los ratones bailan*

¡Cómo se nota cuando no está el jefe! Porque cuando está ausente, uno puede aprovechar para montar una juerga o para no dar palo al agua. También puede aplicarse a los padres, al marido o la esposa y, en general, a cualquier figura autoritaria.

—What time's the boss coming back?
—At about six, she said.
—Great; **while the cat's away...**

**you can lead a horse
to water (but you can't
make him/it drink)**
*nadie escarmienta
por cabeza ajena*

Sigue tan vigente como en el año 1125, la referencia escrita más antigua de este proverbio. Significa que puedes reunir las condiciones necesarias para que una persona haga algo, pero si ella no quiere, será inútil. Lo mismo con los consejos: puedes darle a alguien un consejo, pero no obligarlo a que lo siga.

○ We put our son in the very best schools in town, the most expensive ones, the best facilities and the best teachers, but even though he wanted to do Architecture at university, he just did not want to study. **You can lead a horse to water...**

**you can't judge a book
by its cover**
las apariencias engañan

Encontramos su origen en la época en que los libros solamente incluían el título en la cubierta (y a veces el nombre del autor).

○ —She seems a quiet, studious girl.
—That just goes to show **you can't judge a book by its cover**; you should've seen her on Friday night!

ÍNDICE ALFABÉTICO